大夏书系·名校教育探索

课堂无边界

百年名校的教学艺术

雷玲 张德庆 编著

上海市著名商标 华东师范大学出版社
ECNUP 全国百佳图书出版单位

图书在版编目（CIP）数据

课堂无边界：百年名校的教学艺术 / 雷玲，张德庆编著 .—上海：华东师范大学出版社，2016.3

ISBN 978-7-5675-4925-8

Ⅰ.①课 ... Ⅱ.①雷 ... ②张 ... Ⅲ.①中学教师—教学艺术　Ⅳ.① G632.0

中国版本图书馆 CIP 数据核字（2016）第 050864 号

大夏书系·名校教育探索

课堂无边界
——百年名校的教学艺术

编　著	雷　玲　张德庆
策划编辑	李永梅
审读编辑	王　悦
封面设计	奇文云海·设计顾问

出版发行	华东师范大学出版社
社　址	上海市中山北路 3663 号　邮编　200062
网　址	www.ecnupress.com.cn
电　话	021‑60821666　行政传真　021‑62572105
客服电话	021‑62865537
邮购电话	021‑62869887　地址　上海市中山北路 3663 号华东师范大学校内先锋路口
网　店	http：//hdsdcbs.tmall.com

印 刷 者	北京季蜂印刷有限公司
开　本	700×1000　16 开
插　页	1
印　张	19
字　数	297 千字
版　次	2016 年 4 月第一版
印　次	2016 年 4 月第一次
印　数	10 100
书　号	ISBN 978‑7‑5675‑4925‑8 / G·9247
定　价	36.00 元

出 版 人	王　焰

目 录

第二辑　最有效的教学艺术

目　录

第三辑　最实用的教学艺术

目录

第四辑 最个性的教学艺术

序

百年老校里，遇见最好的自己

中学时代的学校记忆，对于大部分人来说，有着很多很多的相似性。

从小，我们就被要求一模一样：服装一样，发型一样，就连人生的梦想也一样——考上个好大学，毕业后找份好工作，赚很多很多的钱，成家立业……

在这样的学校，我们更多的是苦读书，死读书。不知不觉中，我们变得没有梦想，没有棱角，成为一台学习的机器。

然而，也有这样一类学校，这样一群幸运的学生，在彼此相遇中，成就了最好的自己。如百年前成立的崇贞学园，虽然历经北平女子四中、北京市第四女子中学、北京市朝阳中学、北京市陈经纶中学四次易名变迁，却在百年中积淀出历久弥香的"经纶"文化：以校为本、以师为本、以生为本，建设个性化学校，成就个性化教师，培养个性化学生。

在这里，只要你向着梦想走着，你就可以在不断地出发中，遇见最好的自己。

你的课堂是开放的，或在人生的远足中，或在三尺讲台的天地间；你的梦想是触手可及的，或在最现代化的数字教室里，或在活色生香的紫藤园中；你的校园是百花齐放的，既有经纶之烙印，又有个性之张扬。

每一个学生，每一个老师，每一个管理者，或者，你只是读这本书的读者，只要你走进这所百年老校，就可以从此时此刻开始，用一种全新的方式，感受心灵的萌动，遇见最好的自己。

红袖子

2016 年 1 月 29 日于花舍

第一辑　最创新的教学艺术

一位优秀教师的最高境界，是不断优化、创新自己的课堂教学，把每一节课视为执教者智慧、激情和技巧熔铸而成的艺术品，走教学艺术化的道路。好老师的教学艺术体现在自辟蹊径、独树一帜的美学创新精神上，足以引起受教育者的心灵共鸣，激发其审美愉悦。正是这种"有所师而不拘泥于所师"的创造精神，正是这种着眼于整体美感效应而不拘泥于某种方法和手段的基本艺术创造原则，构成了教学艺术的核心和本质特征，赋予了课堂生生不息的艺术活力与清新美感。

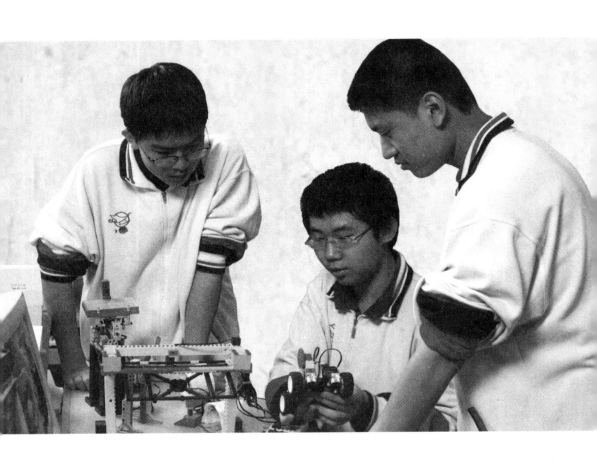

1. 王苹："王氏政治课"那些事儿

从普通教师到正高级教师，她用不到 20 年的时间完成了"四级跳"的完美转身。她是北京市陈经纶中学政治教师，北京市特级教师，北京市中小学首批正高级教师。兼任北京市朝阳区教育学会第八届理事会理事，朝阳区中学政治研究分会会长等职，获得"全国先进工作者""全国优秀教师"等多项荣誉称号。她的政治课因独特的让学生"有话能说""有话可说""有话会说"的教学艺术而被称为"王氏政治课"。

印　象

"我就是一名普通的政治教师"

俊秀的脸庞、纤细的手指、爽朗的笑声、优雅的谈吐……儒雅、端庄、大方是王苹留给人的第一印象。

学生们总是亲切地管她叫"苹姐"。用学生的话说，"苹姐"的魅力既来自她腹有诗书气自华的渊博学识、思维敏捷的教育机智、幽默风趣的生活态度，更来自她淡泊名利、顺其自然的人生哲学。

只要是说到政治课，王苹便会兴致勃勃。从课前的备课到上课再到课后的社会调查，王苹兴奋地比画、举例、提出问题，宛若旁边辅导的就是她自己的学生。

这样一个把"让学生喜欢政治课"作为最大追求的老师，无疑是简单和快乐的，她始终如一，脚踏实地。她潇洒地完成了1994年评上一级教师、1999年晋升高级教师、2005年成为北京市特级教师、2013年被评为北京市中小学首批正高级教师"四级跳"的完美转身。

"欲望就像攥在手里的沙子，你攥得越紧，失去得越多。"在王苹看来，比起想尽一切办法去追逐荣誉倒不如心怀坦荡来得实际——尊重他人，感恩他人，专注于学生和教学。

"我永远知道我是谁，我就是一名普通的政治教师。"这是王苹常挂嘴边的一句话。正是这样一句话，让王苹在28年的教育生涯中，用一点一滴的努力成为了一个追求完美的人，一个秉持师之道、师之德的教育工作者，缔造着不断超越自我的精彩人生！（李培）

王苹课堂教学艺术之一：让学生"有话能说"

一节好课对学生的意义在于他学到了新知识，增强了能力，在学习过程中有良好的、积极的情感体验，产生了进一步学习的强烈要求，激发他越来越主动地投入到学习中去。政治课要让学生成为课堂学习的主体，让他们想听政治课、爱听政治课、听懂政治课、关心政治课，其根本在于发挥政治学科的育人作用。

目前的高中生，获取信息途径多，占有信息数量大。学生对教材理论和现实问题总会有这样那样的想法，互动的课堂就应该为学生营造一种"有话能说"的氛围。

"有话能说"的课堂要凸显教学的民主性，即课堂教学中应该以学生之间、师生之间相互尊重为基本前提。在当前情况下，尤其要突出强调教师对学生的尊重。师生间的民主平等关系会对学生思维产生无形的驱动力，从而让学生能够有话敢说，有话能说。"有话能说"的课堂需要教师尊重学生自由提问的权利，要尊重学生个体之间的差异，鼓励学生有自己的想法并能够将自己的想法大胆地说出来；"有话能说"的课堂需要教师有包容之心，并能够用赏识的眼光去评价和鼓励学生，让彼此真诚的交流成为教学中的常态。

【课堂回放】

案例一：2013 年，我在讲高二年级"生活与哲学"模块《世界是普遍联系的》一课时，结合当时北京的天气状况，以"雾霾"为案例，让学生分析"雾霾"形成的原因，以及应该如何治理，进而引导学生分析出其中的哲学道理。一位学生在分析雾霾形成的原因时认为：政府有一定的责任，因为政府的不作为或作为不够导致雾霾天气加重。一位学生立刻反驳道：我认为政府没有任何的责任，这是一个国家发展到这个阶段不可避免的问题，英国的发展历史就是一个很好的证明，未来中国也一定会没有雾霾，这和政府没有关系。针对不同的观点，学生们热议了几分钟后，基本达成了共识：雾霾天气的形成政府有一定的责任，但不是唯一的责任人。之后，我也表达了自己的观点：联系是具有普遍性的，雾霾天气的形成一定是和人的行为有一定联系的，而一些人（企业）对环境的破坏行为与政府的政绩观、监管不到位有一定的联系，而未来对雾霾的治理也一定需要政府认真履行其职能，才能早日还我们蓝天白云。

案例二：2007年，在讲授财政具有巩固国家政权的作用时，我选用了2005年至2007年我国国防支出的数据。一位学生不屑一顾地表示，这点钱还不够美国国防支出的零头，指望它来保证国家的安全，怎么可能！一些学生附和了这种观点。我对这位学生说：给你布置一个作业，上网查一查我国和美国近几年的GDP，算一算国防支出占GDP的比重分别是多少，想一想我国国防支出占GDP的比重可不可以再多一些，绝对数值能不能向美国看齐，下节课你来说说。这位学生课下认真作了准备，课前和我进行交流，并让我看他查阅的资料，我趁机问他：有限的钱应该怎样花费才能发挥作用呢？他说：您上节课不是讲了吗，国防要加大科研攻关力度，增强自主创新能力，建设信息化军队。

【教学反思】

在上述两个案例中，敢于持不同观点的学生都是关注时政、对社会热点问题有自己想法的学生，但他们经常会片面地、极端地看待一些社会问题。"有话能说"的课堂氛围，让他们能够表达自己的观点，让教师能了解他们的真实想法，于是教师在政治课上就能够有的放矢地进行教学。这样做不仅能更好地体现政治课本身的价值，更为重要的是能够帮助学生树立正确的"三观"。

让学生"有话能说"，教师也必须面对一个现实问题，即课堂教学时间有限，教学任务要完成，课堂要倡导主旋律等。因此，学生"有话能说"离不开教师的"积极引导"，需要得到教师的尊重、宽容与鼓励，需要教师的智慧和渊博的知识作支撑。（王芊）

王苹课堂教学艺术之二：让学生"有话可说"

"有话可说"的课堂，要凸显学生在教学中的主体地位，需要教师真正做到了解学生，即了解学生的生活、认知水平、兴趣和关注点、发展需求。

真正做到让学生"有话可说"，我认为要注意以下几点：调动学生已有的生活经验，提供给学生鲜活的来自生活的案列，如通过对"雾霾"形成的原因及应该如何治理的分析，得出"世界是普遍联系的"观点，用"火箭蛋"（2012年北京鸡蛋价格上涨）分析影响价格变化的因素等等；调动学生已有的知识储备，如利用学生掌握的"三大战役"的历史知识，理解两点论和重点论的统一；关注学生的兴趣点，如以"支付宝的发展"为例，师生共同分析支付宝创立的原因，以及如何实现了快速发展，分析得出"辩证法的革命批判精神与创新意识"的相关内容；通过实践活动，让学生获取亲身感受，让他们有话可说。

【课堂回放】

近几年，在讲"政治生活"模块《民主管理》一课时，我们组织学生进行"经纶学子进社区"的社会实践活动。学生围绕调查主题在调查前准备相关的访谈题目，之后持学校的介绍信到自己生活的社区居委会作调查。学生在实践中分清了居委会与物业的区别，在课堂上，他们积极主动地介绍自己生活的社区居委会是如何进行选举、决策、管理和监督的。此时，教师成为了"倾听者"，学生成了"发言人"。社会调查不仅让学生走进了生活，更让学生在课堂上能够有话可说了。

学生在总结中写道："背多少关于居委会的性质和意义的知识，都不如真真切切地进入居委会去了解它，你会发现它不再是课本上说的枯燥和抽象的基层群众自治组织，而是时代的微光，每当'黑暗'来临，它们便会扑棱扑棱地飞到你身边，带着自己特有的小小光芒，在这个无边的世界里，为你照亮，哪怕只有一平方厘米。""这次走进社区居委会，我一改浮躁胆怯的性格，积极与社区工作者交流。也许我很努力却也不会完美，不会让每个人都满意，但我会做最好的自己，尽自己所能帮助别人，就像帮助我的居委会叔叔阿姨一样。我想我的沟通能力会比先前好，心态也变得积极了。我一下从一个局外人变成了活动的主体。"

【教学反思】

从上述案例中我们可以看出，走进了学生生活的政治课，会让学生从中感悟、收获、反思和改进，他们会通过自己的亲身经历，表达他们的所见所闻，他们对教材内容的深入理解，以及他们的真实感受，"有话可说"的价值尽显其中。（王芊）

王苹课堂教学艺术之三：让学生"有话会说"

高中学生叛逆心理较强，价值取向多元化，而政治课就是帮助学生"初步形成正确的世界观、人生观、价值观，为终身发展奠定思想政治素质基础"的德育课程。因此，政治课教师要引导学生学会用学科思想和语言来认识问题、分析问题。所谓"有话会说"，是指学生能够做到客观、全面地分析问题，能够理智地看待现实中存在的问题，能够用所学习的理论观点分析现实问题，能够联系实际说明理论观点。

【课堂回放】

一次，一位学生在课堂上反问我："您让我们爱国，可是国家又为我们做了什么呢？！"一些学生也跟着应和起来。我笑着看着全班同学，说："大家记得我们在讲国家职能时，老师举的一些具体事例吗？请一位同学结合具体事例，给大家再讲讲国家职能好吗？"学生回答后，我接着说："现在国家非常关注民生问题，关注民生需要国家财政的支持，哪位同学能够结合国家采取的具体措施，说说国家财政的作用？"学生列举出之前课堂教学中涉及的一些具体事例，如：2009 年北京市 11 项针对老年人的优待措施生效；提高企业退休人员基本养老金；北京市 2012 年继续为 60 岁以上的老年人和在校中小学生免费接种流感疫苗；义务教育实现全免费；2012 年财政补贴提前供暖费用；公共交通低票价；提高城市低保标准；等等。学生用以往学过的知识分析了同伴提出的尖锐问题，他们发言的语态和眼神告诉我，他们认可了我的说法。

【教学反思】

学生"有话会说"，需要教师对学情的关注、分析和充分预设。"有话会说"

需要建立在"有话能说"和"有话可说"的基础上，需要教师在日常的教学中，长期地、积极地、民主式地引导，只有这样学生才能真正做到"有话会说"。

在民主的氛围中改进政治课的教学，必须围绕如何充分发挥学生在课堂上的主体作用，探索构建政治课的有效教学模式，而发挥学生主体作用的关键，是让每个学生都张嘴说话，说实话、说真话、说心里话、说实事求是的话、说经过理性思考的话，主动和政治教师互动起来，这样才能增强政治课堂的和谐与实效。（王芊）

我的"三观"

上好政治课，而且让学生喜欢上政治课是一件非常不易的事情，政治教材本身的理论内容也是比较枯燥的。那么，作为一名政治课教师应如何面对这些困难，让越来越多的学生喜欢上政治课，让越来越多的学生认识到政治课对他们的成长是有价值的呢？回顾28年的政治课教学生涯，我认为，政治教师树立正确的课程观、教学观和学生观，是面对上述困难，坚定地做好一名政治教师的"法宝"。

一、我的课程观——与时俱进、民主开放

在中学各门学科中，与社会变革联系最为紧密的学科是政治课，这是一门最能激发学生社会责任感和爱国热情的学科。按照这样的学科定位，政治课应该是鲜活的、具有生命力的课程。

然而，学生普遍不重视政治课，究其原因有三：一是政治课"应试化"，一些教师和学生受升学考试的影响，以分数来评价和判断政治课的学习价值，严重制约着政治课社会意义的发挥，使政治课教学变得越来越枯燥无味；二是政治课"无用论"，受各类"政治运动"的影响，人们对政治产生了一种抵触的心态，而且这种心态已经明显影响了学生的学习兴趣，使他们对政治和政治课麻木不仁，漠不关心；三是政治课"工具化"，由于政治课与"假大空"形影不离，几乎成为了"空洞、教条"的实验场，导致许多政治课不仅成为了脱离学生、脱离实际、脱离生活的说教课，而且自我否定了政治课在现实社会生活中存在的意义。

面对当前政治课诸多的问题和困惑，政治教师不仅不能随波逐流，还要保持清醒的头脑，用高度的责任心和使命感去把握政治课的学科定位，用科学严谨的态度去把握和利用政治课教学的学科特点，用积极主动的行动去研究和探讨政治课教学的基本规律。政治课的教学过程，必须渗透民主和开放的精神，必须结合

实践和时代的特点，必须引导学生积极接触社会和感悟生活，才能做到理论联系实际，才能构建体现学科特点的教学新模式，才能发挥政治课的育人功能。

二、我的教学观——学生为本、生活为根

在新课程背景下，加强政治课教学的关键，应当是以学生为本，以生活为根，应当是促进学生情感态度价值观的健康发展。只有当学生的情感态度价值观与知识、能力完成了"三位一体"的内化过程，才能最终突破政治课教学的瓶颈，有效提高政治课教学的质量。因此，政治课教学的改革与创新，再也不能依赖教师一味的说教与硬性的灌输，不能单纯依据考试成绩的评价，而必须充分尊重学生独特的感受、体验和理解。

落实学生为本、生活为根，关键在于政治教师能否继承优良的教学传统，加快课堂教学改革步伐，提高科学施教水平；能否改变重理论而轻实践、重说教而轻感受、重结果而轻过程的教学模式；能否让高高在上的政治理论恰当而有效地落地，让它回归生活，符合实际，贴近学生；能否充分尊重学生独特的感受、体验和理解，积极创造能引起学生情感共鸣的有效教学方法；能否促使思想政治的理论深入学生的内心世界，内化为个人稳定的能力和品质。

政治课只有落实学生为本、生活为根的教学观，才能让每个学生在"生活中发现，发现中感悟，感悟中思考，思考中收获，收获中发展"，才能让政治课真正做到"入耳、入脑、入心"。

三、我的学生观——师生互动、和谐实效

政治课教师需要认真潜心研究学生的认知规律，准确把握学生知、情、意、行的变化过程，全力解决好政治教师的教态和教法问题，这样才能构建和谐课堂，才能和学生在课堂上真正地互动起来。

互动、和谐的政治课堂，学生是想听、爱听并能听懂的，他们会更关心政治课教学，使政治课教学变得可亲可信；互动、和谐的政治课堂，应该是能够把握学生思想脉搏，了解学生的需求、愿望和认知水平，让学生"有话能说""有话可说""有话会说"的课堂，使政治课教学变得更加有活力；互动、和谐的政治课堂，

师生主动构建和谐的教学环境和良好的教学关系，实现师生的共同发展，让学生尽快地回归课堂，让教师充满自信地上好政治课，使政治课的教学价值充分体现。

诚然，在升学率的重压下，政治课教师树立正确的"三观"，开展和推进政治课的教学改革与创新具有一定的难度。但我相信，随着中高考和学生评价方式改革的深入，对政治课教学的改革会更加有利，政治课改革的前景会更加乐观。

面对应试，关注分数不应受到过分指责，但片面追求分数应该深刻反省，一味地关注分数，不关注教育的过程，对学生的全面、健康、可持续发展是有百害而无一利的。政治教师要做到不追分但又不输分，要跳出分数的怪圈，要找到讲好政治课的规律和方法，需要坚定学科教学的理想和勇气，需要不断塑造自己的施教风格。我在政治教学上的追求是：让学生在政治课学习的过程中，不仅学到有用的知识而且提高学科能力，不仅享受学习过程的快乐而且感受现实生活的丰富，不仅体验思考后收获的喜悦而且端正自己的情感态度价值观。（王芊）

自白

王苹自画像

自我评价：谦虚、随和、包容、直率、真诚。在工作上认真、严谨、执著，有追求、有责任心、有创造性。生活态度乐观积极。

教育教学观："以生为本"。认真上好每一堂课，课堂上师生可以一起享受生活，享受快乐，享受智慧，享受成功，让课堂成为学生快乐与幸福的舞台；认真面对每一位学生，在学生需要时无私地、全身心地给予帮助。

对自己影响最大的书：《叶圣陶教育文集》《给教师的一百条建议》《从批判走向建设——语文教育手记》。

心目中的好学生：情商较高，懂得感恩；有责任感，懂得担当；学习习惯好，会自主学习；有合作精神，团队意识强。

心目中的好老师：我心目中的优秀教师，应该做到"两个和谐"：一是"课堂和谐"，二是"人际关系和谐"。

心目中的好学校：好的学校人际关系和谐，学生乐学，教师乐教，师生身心健康发展，学校的教育让学生终生受益。

处理师生关系：用心面对所有学生，公平、公正，有错误敢于在学生面前承认，学生犯了错误要耐心引导，不是原则问题要给学生留面子，学生遇到困难时要尽心尽力地帮扶。

怎样战胜挫折与困难：反思总结，寻找方法；相信自己，敢于面对；虚心请教，善于合作。

取得成绩的经验：坚信所教政治课对学生的全面发展是大有裨益的，在教育教学实践中不断探索，不断创新，不断反思，不断改进，并带领团队一起前行。

工作与学习的关系：工作与学习是相互促进、不可分割的关系——在工作中明确要学习的内容，在学习中提升工作质量与效率。

2. 孙丕训：数学王子这样"培训"学生

从数学教师到数学教研组长、学年主任、教务处主任，从普通教师到特级教师，从边城鸡西到首都北京，一路走来，他曾获"省模范教师""省优质课教师""师德标兵"等荣誉称号。他就是孙丕训，北京市陈经纶中学数学高级教师，北京市朝阳区兼职教研员。

印 象

数学王子孙丕训

丕训是我的高中数学老师。

"丕训"的"丕"是"曹丕"的"丕"，但是我们大家都习惯叫他"培训"，原因倒是没有，只是一种传承的叫法，毕竟这样的一位传奇人物就是应该有一些不同吧。没有叫他孙老师也不是不尊重，而是实在是太喜欢他，所以才这样亲切地叫他。

丕训的数学很好，他的数学天赋是否与生俱来我们不清楚，但是他的头脑反应之快却是我们学校的一段传奇。

丕训讲课让人有一种窒息感，但不是难受的窒息，而是惊叹到极致时的一种令人窒息的快感。他可以把很复杂的问题简单化，他可以摆脱所有的传统解题方法独辟蹊径，而且他解决习题绝不会只有一种方法，他总是会用很多的方法来搞定一道我们笔下的高峰级习题。他从来不带教材或笔记，对于教材他总会说："你们不要小看教材，这是多好的学习材料啊。来，谁借我一本看看？"其实他从来不屑讲教材里的题，但是教材的每一页内容他都倒背如流，他说"这些是基础啊"。

他讲课时酣畅淋漓，没有半点的拖泥带水。他的板书很潇洒，有大将点兵的气势，就在那小小的黑板上挥洒出那些很酷的字符。每一节课，我们都会不停地对他的数学思路和解题技巧报以雷鸣般的掌声。而他每到这个时候，就会有如那些星腕般做一个双手向下压的安静的手势，然后还要极其猖狂地说一句："这算什么啊，也就是小学水平的题。"在他把我们的自尊践踏得体无完肤的时候，我们还要咬着牙地爱死了这个老师——他讲课实在是太帅了，没有办法。

丕训可能对于语文有一种特殊的感情，我当时任班级的语文课代表，他提问时从来不会喊我的名字，每一次都说："这道题让语文课代表来答吧。"我答不上来时，他绝对会说："语文课代表啊，答不上来嘛，正常！"要是有那么一次我答对了，他又会笑眯眯地说："看，连语文课代表都会的题，不用讲了吧。"然后，就在同学们的反对和哀求声中，他一番假意推辞后，很拽地开始讲题。

传说中丕训是一个魔方高手，我们同学中有着很多的版本。一次，大家突然想要印证传说的真实性，就买了两个魔方回来。一个魔方被我们全班传遍，乱拧一气，另一个魔方则被硬扭了一块方块的方向后，又一顿乱拧。当大家把魔方递到他的手中时，他还是一副拽拽的样子，说："这个我不会，这是什么啊？"最后，拗不过全班同学的起哄声，他拿起了第一个魔方。只见他先盯着魔方，不停地把魔方翻来覆去。突然，他开始拧那个魔方，我们还没有看清他的转动方法，一个魔方就六面统一了，而我们这些原本幸灾乐祸的起哄者就傻愣在那里。他拿起第二个魔方，又是一气神拧后，说："这个魔方一个顶角的块被你们给拧了，想蒙我啊，呵呵！"我们还愣在第一个魔方带来的惊叹中，又被他的第二次表演给打击了。从此，学校上下，自我们班开始兴起了一股魔方浪潮，以至于学校最后不得不强制镇压才把我们这些崇拜者从魔方世界里拉回来。但是心中的那种景仰之情，却是与日俱增。

丕训的文章可以在很多的学习报上见到，还有人在一本好厚的叫《中国当代数学家与数学英才大辞典》的书里见到了他的名字。他外表狂妄，幽默潇洒，有一种独特的魅力吸引着我们这一班的学生，我们为他冠名"数学王子"。在我们看来，他比高斯更可爱。

对于他只有一个歌名可以形容："你是我心中一句惊叹"。（快乐蜗牛）

孙丕训课堂教学艺术之一：激发学生学习数学的兴趣

一、让学生学会欣赏

欣赏美才会追求美，数学中有的题有较大的难度，但思维很独特，方法很巧妙，这样的题我是不会放过的。但我从不难为学生去想、去做，我经常的做法是直接让学生去"欣赏"。

例如，在讲到等差数列时，曾给学生留思考题：等差数列 $\{a_n\}$ 的前 n 项和为 S_n，已知 $S_{10}=100$，$S_{100}=10$，求 S_{110}。

这道题看似常规，但思路很多，学生一般都能解答出来，但往往仅用自己习惯性的思维去思考。为了让学生拓宽视野，我利用课余时间，在黑板上写出了此题的六种解法：有常规法，也有技巧法，有整体思维法，也有待定系数法等。我写出这些解法让学生欣赏，相信学生一定会为精彩的解法和多角度的思维所折服，学生边看边体会知识、方法的灵活运用，进而丰富拓展思维。

二、使学生的思维始终处于积极参与学习过程的状态

我在每节课中，都会根据学生情况以及教学内容采用灵活多样的教学方式，生生互动、师生互动，让学生紧跟教师的节奏进行思考和训练。

如上等差数列复习课，提前给学生布置作业，要求总结等差数列的相关知识。第二天，先检查学生的完成情况，少的写出两三个，多的也就写出六七个，这是我意料中的，因为教材中只有通项公式和求和公式。在课堂中我抓住这样的机会，激发学生的思考意识，先让学生进行展示交流，互相借鉴，然后对学生进行一些启发和引导，最终和学生一起归纳总结出等差数列的 15 个相关知识。

在总结的过程中，随着得出的结论不断增加，学生学习热情不断高涨，学生

体会到了知识的丰富以及数学的魅力。

三、适当穿插一些趣题

为了活跃气氛，我经常出一些有趣的问题。如：用 1、3、4、6 及四则运算使结果为 24。看似一道小学水平的题，高中生也很难做出，这种反差，一般不会消极刺激学生产生厌倦情绪，相反，会让他得知答案后茅塞顿开，体会到数学的奇妙，产生对数学的兴趣。我也常结合当前所学知识，给学生出有趣的问题。如讲到排列组合时，我给学生出了一道题：有若干个 0，用数学符号使结果等于 3。学生有写"$0 \div 0$"的，也有写"0^{0}"或"$\log 0$"的，这些当然都不对，但其实此时结果并不重要，重要的是学生都积极去想，都觉着有希望做出来，也觉着很有意思。当学生经过不断尝试，最终得到"$0! + 0! + 0! = 3$"时，都非常兴奋。我又提出，在我们学习阶乘之前，有没有别的方法呢？在不断的交流和思想碰撞中，学生很快又找到了"$\cos 0 + \cos 0 + \cos 0 = 3$"。毋庸置疑，这样的时刻学生都很享受。此时的数学不再枯燥，而是带着一丝神秘。

四、一题多解，讲活数学

对一个学生来说，不需要一题多解，而更需要一题优解。但就整个班级的学生而言，对于一道题，不同的学生会从不同的角度去思考，教师就要把这些可能的角度整合，分析优劣，让学生根据自身的思维特点，选择适合自己的思考方法。我讲问题的解法时，很少讲唯一性，而是讲多种思维途径，通过对比各种可行的途径，选择得出最优解，让学生体会数学的简捷与美妙。

如：$\triangle ABC$ 中，$AB=1$，$AC=2$，则 $\angle C$ 的范围是_____。

这道题的思路比较多，讲解这种一题多解的题时，要讲清每种方法基于何处着手。思路一：给出了两边长，求角的范围，可以考虑用余弦定理，再用均值不等式解决。思路二：给出两边求其中一边的对角的范围，可以考虑使用正弦定理解决。思路三：有两边长是固定的，角 A 运动，可以通过作图解决问题。

讲题思路单一化会制约学生灵活思维的，对一个数学问题，教师应从不同角度加以分析，找出可行的解决途径，这样才会让学生有更多收获，对数学更加热爱。（孙丕训）

孙丕训课堂教学艺术之二：引导学生思考

这是我曾经上过的一节公开课《数学归纳法应用举例——证明几何问题》的实录，我与学生的每一句对话，都尽可能地在引导学生进行不同角度和层层深入的思考。

【课堂回放】

例题：平面内有 $n(n \geq 2)$ 条直线，其中任何两条不平行，任何三条不过同一点，证明交点的个数为 $f(n) = \dfrac{n(n-1)}{2}$。

师：请同学们看多媒体演示，注意当直线每增加一条时，交点个数如何变化。

生：当直线由 k 条变化到 $k+1$ 条时，因增加的一条直线和前 k 条直线都相交，而且交点互不相同，所以增加了 k 个交点。

师：很好，这样能得到怎样的等式呢？

生：$f(k+1) = f(k) + k$。

师：非常好，这是一个非常关键的等式，利用这一等式，很容易完成数学归纳法的证明，请同学们简要书写一下证明过程。

师：这道题给出了交点个数的表达式，如果不给出，能求出吗？

生：可以先算出几个特殊值，然后进行归纳、猜想，再用数学归纳法加以证明。

师：那么大家算几个特殊值。

生：$f(2) = 1$，$f(3) = 3 = 1 + 2$，$f(4) = 6 = 1 + 2 + 3$，$f(5) = 10 = 1 + 2 + 3 + 4$。

生：猜想 $f(n) = 1 + 2 + \ldots + (n-1) = \dfrac{n(n-1)}{2}$，以下同例题。

师：受刚才等式的启发，还有其他的办法吗？

生：我想建立一个递推关系式来求通项公式。

师：请同学们写出数列 $\{ f(n) \}$ 的递推公式。

生：$f(n + 1) = f(n) + n$。

师：那首项呢？

生：$f(2) = 1$。

师：好。怎样才能求出 $f(n)$ 的表达式？

生：用累加法求。在通项公式中，依次把 n 换成 $2，3，4 \cdots n - 1$，把得到的 n 个式子相加，便可求出 $f(n)$。

师：好。这一方法请同学们课后完成。

生：我还有一个更简单的方法，因为任何两条直线都有一个交点，所求的交点个数即是从 n 条直线中任取 2 条的组合数，即 $f(n) = C_n^2 = \dfrac{n(n - 1)}{2}$。

师：三名同学所给出的方法都很好，这些都是处理几何计数问题的常用方法。

师：我们解决了平面内 n 条直线的交点个数问题，在 n 条直线相交时，还可以解决哪些问题？

生：这 n 条直线彼此被分割成多少段。

生：这 n 条直线分平面的区域的个数问题。

师：很好！下面我们就来探讨这两方面的问题。

探讨：平面内有 n 条直线，其中任何两条不平行，任何三条不过同一点，这 n 条直线彼此分成 $f(n)$ 段（线段或射线），求 $f(n)$ 的表达式并用数学归纳法证明。

师：此题没有给出表达式，该怎样求？

生：先通过作图，得 $f(1) = 1$，$f(2) = 4$，$f(3) = 9$，由此猜想 $f(n) = n^2$，然后用数学归纳法证明。

师：请同学们思考：当 n 由 k 变化到 $k + 1$ 时，直线被多分了几段？

生：多分了 k 段。

生：多分了 $k + 1$ 段。

生：多分了 $2k + 1$ 段。

师：几名同学给出了不同的答案，哪个正确呢？请讨论一下。

生： 第三个答案正确。这可用结论来验证，因结论是 $f(n) = n^2$，则
$f(k+1) - f(k) = (k+1)^2 - k^2 = 2k+1$。

师： 这有些投机取巧的感觉，但也的确是一种不错的经验。哪位同学能合理
解释一下多分了 $2k+1$ 段，并比较完整地叙述一下过程？
……

【教学反思】

以上我与学生的对话，意在引导学生有目的性地围绕问题进行思考和探讨。
引导学生进行方法的探讨和知识的横向、纵向联系，在解决完直线交点个数问题
后，探讨直线彼此分割段数及分平面区域数的问题，进而探讨圆、椭圆或抛物线
相应的问题。这样安排，一方面揭示点分线、线分面的思维方法；另一方面，使
学生通过对比，概括处理问题的方法，总结规律，提高归纳猜想能力和分析问题、
解决问题的能力，培养学生利用数学归纳法证题的意识。"授之以鱼，不如授之以
渔"，方法的掌握，思想的形成，才能使学生受益终生。（孙丕训）

孙丕训课堂教学艺术之三：自然的解法才是最好的

高三复习中，很多学生最畏惧解析几何的解答题，思维量大，运算量更大，标准答案书写过程都非常复杂，而解析几何解答题的答题质量几乎决定着数学分数的高低。我在讲解解析几何问题时，更加突出对试题的分析：有哪些已知条件，该如何运用这些条件；需要解决什么问题，这个问题是否是熟悉的，如果熟悉，看看条件是否具备，如果不熟悉，该如何转化为熟悉的问题。

【课堂回放】

例题：（2013 年朝阳一模）已知中心在原点，焦点在 x 轴上的椭圆 C 过点 $(1, \frac{\sqrt{3}}{2})$，离心率为 $\frac{\sqrt{3}}{2}$，点 A 为其右顶点。过点 $B(1,0)$ 作直线 l 与椭圆 C 相交于 E、F 两点，直线 AE、AF 与直线 $x=3$ 分别交于点 M、N。

（Ⅰ）求椭圆 C 的方程；

（Ⅱ）求 $\overrightarrow{EM} \cdot \overrightarrow{FN}$ 的取值范围。

第一问易求出方程为 $\frac{x^2}{4} + y^2 = 1$。第二问求 $\overrightarrow{EM} \cdot \overrightarrow{FN}$ 的取值范围，其中包含着四个动点，需要它们的坐标，点 M、N 分别由直线 AE、AF 与直线 $x=3$ 确定，这样，需先求出点 E、F 的坐标。求取值范围问题还需要有一个变量，根据已知条件点 E、F 是过点 $B(1,0)$ 的动直线 l 与椭圆 C 的交点，这样选定直线的斜率 k 作为变量即可。先求得当直线 l 的斜率不存在时，$\overrightarrow{EM} \cdot \overrightarrow{FN} = 1$。当直线 l 的斜率存在时，设直线 l 的方程为 $y = k(x - 1)$，与椭圆联立消 y，得 $(4k^2 + 1)x^2 - 8k^2 x + 4k^2 - 4 = 0$。

设 $E(x_1, y_1), F(x_2, y_2)$，则 $x_1 + x_2 = \frac{8k^2}{4k^2 + 1}, x_1 x_2 = \frac{4k^2 - 4}{4k^2 + 1}$。

直线 AE 的方程 $y = \dfrac{y_1}{x_1 - 2}(x - 2)$ 中，令 $x=3$，得 $M(3, \dfrac{y_1}{x_1 - 2})$。同理得

$N(3, \dfrac{y_2}{x_2 - 2})$，这样 $\overrightarrow{EM} = (3 - x_1, \dfrac{3y_1 - x_1 y_1}{x_1 - 2})$，$\overrightarrow{FN} = (3 - x_2, \dfrac{3y_2 - x_2 y_2}{x_2 - 2})$。

以下就是计算 $\overrightarrow{EM} \cdot \overrightarrow{FN}$，注意其中 $y_1 = k(x_1 - 1)$，$y_2 = k(x_2 - 1)$，并将韦达定理得

到的等式代入化简，可得 $\overrightarrow{EM} \cdot \overrightarrow{FN} = \dfrac{16k^2 + 5}{16k^2 + 4} = 1 + \dfrac{1}{16k^2 + 4}$。显然有 $k \neq 0$，这

样最终求出 $\overrightarrow{EM} \cdot \overrightarrow{FN}$ 的取值范围是 $[1, \dfrac{5}{4})$。

【教学反思】

我很注重把数学的解题思路讲得自然，不论是何种类型问题，都寻求自然的想法和解法。越是自然的解法，就越能揭示数学问题的本质，学生也越易于接受。在我看来，讲解解析几何解答题，一定要把思路讲清楚，追求自然合理的思路，这样就有了很自然的解题方向，运算便不再成为最大的障碍。只要细心一些，必要时用点化简的小技巧，运算这一关就能攻克。

数学是自然的，教师讲解数学问题就要讲出自然的东西，越简单、越自然的解法就越接近学生的思维本能，就越能被学生理解和掌握，这就是在教学中最值得被提倡的方法，简单自然才是真。（孙丕训）

"新、活、透"教学法

我努力追求独特的教学风格和特点，针对自己数学方面的思维优势，教学上力求突出新、活、透。"新"就是选题新、教法新、解题方法新。"活"就是教法灵活，课堂气氛活跃。"透"就是吃透大纲，吃透教材，讲透知识。

20多年的教学实践，我总结了一些经验，归纳起来有以下几个方面：

一、教会学生思考方法，培养学生良好思维习惯

学习是一门科学，有的学生会学，学得扎实，学得深刻，而且学得很轻松；有的学生不会学，学得很累，天天忙着做题，但却看不到成绩，久而久之，便失去了信心。作为教师，不要把讲完每一节课当作完成任务，而应当考虑所讲的内容学生真正掌握了多少，是否与付出成正比。好的教学效果是教师讲一道题，学生学会一类题，或者说学生通过教师讲解的一道题，学会了一种解题方法。

我在讲解每一道题时，都一定要通过讲解教学生如何分析，该从哪些角度思考，怎样入手解决，让学生去体会、去感悟。让学生学会思考方法，才能让他们敢解任何一道问题。我一直倡导，解题思路要自然，解题方法要有效，解题过程要简洁。即使对待一些较难的问题，我也努力追求把思路讲得很简单、很自然。学生学会思考问题的方法，也就逐渐养成了良好的思维习惯。

二、重视能力培养，改革教学方法

我坚持的教学原则是立足基础，培养能力。现在教材简单而考题灵活，有的很难，让学生很困惑。学生不会的问题，当看答案时一般也能看懂，但不明白是

怎样想到的。这反映出学生能力上的不足。为了提高学生的能力，我在讲解问题时，重在引导学生如何分析问题，有哪些思维途径，怎样入手去解决问题。把问题讲得清晰明了，体现出数学的思维过程，让学生懂得这样思考的价值，有利于学生能力的培养和提高。

同时，我也大胆改革教学方法，充分调动学生学习的主动性和积极性，让学生真正成为学习的主体，学生能做的让学生做，学生能看懂的让学生看，学生能讲的让学生讲，充分给学生表现的机会。学生逐渐学会了主动学习，养成了良好的思维习惯，提高了分析问题、解决问题的能力。

三、要求学生记笔记，鼓励学生提问题

为了克服学生听得懂容易忘的问题，我要求每个学生记笔记，主要记知识要点、规律、解题方法和技巧，一题多变、一题多解的典型题以及易混易错问题等。学生记笔记，既巩固了记忆，又便于课下复习。我教过的学生，基本上都有很规范的笔记本。

"问题是数学的心脏"，学生提不出问题，教学就没有针对性，勤学好问才能提高得快。为此，我特别鼓励学生提问题，不管是难题易题，还是偏题怪题，只要提出来，我都给以鼓励并耐心解答，让学生满意。学生好问，必好思，这对于培养灵活的思维很有利。

为了让学生在课外有疑难问题时能及时得到解决，我鼓励学生打电话或用 QQ、微信问问题，对于学生的问题我都及时给以答复，学生对这种一对一的交流很满意。

四、精选例题和练习题

不论是课堂讲解的例题还是给学生的训练题，我都要精心挑选，我常根据当前学生的实际水平和思维特点，针对学生的能力选择最适合学生的问题以及最具代表性的问题。所以我每年给学生讲的和让学生练的问题都会有很多变化。

以上是我在教学中始终坚持做的，我对自己教学的要求是，每节课让每一个学生都有收获。所以我始终面向全体学生进行教学，重视培养、发展学生的个性和特长，努力做到各类学生都能各尽所能，各有所得。（孙丕训）

自白

孙丕训自画像

自我评价：执著，做事认真，待人真诚。工作上用心做事，扎实肯干，耐心务实。生活上勤俭朴实，积极乐观。

教育教学观：人人都能学好数学。

教学中把握四点：一是把抽象的数学讲得生动有趣；二是对数学概念、定义、定理、公式等最为基本的内容，通过多种方式让学生能准确理解和学会使用；三是课堂中注意引导，激发学生思考的积极性；四是教会学生独立思考数学问题。

最喜欢的书：《数学分析习题集题解》《匈牙利奥林匹克数学竞赛题解》《定力：做内心强大的自己》。

心目中的好学生：热爱学习，善于思考，上课紧跟教师，积极回答问题，常与同学交流解题方法和经验，有良好的学习习惯。

心目中的好老师：师德素养高，业务精湛，教学能力强，教学方法灵活，对事业、对学生高度负责。

心目中的好学校：有先进的办学理念和良好的校风、教风、学风，培养高素质的学生，让每一个学生成长成才，给每一名师生搭建平台，提供更多的发展空间和展示机会。

处理师生关系：课堂民主，多鼓励学生；耐心解答学生的困惑；微笑对待每一名学生。

取得成绩的经验：一是研究透考试标准和连续几年的考题，就能大致研究出命题的方向；二是教会学生如何思考和分析问题，才能真正让学生对各类考题做到以不变应万变。

工作与学习的关系：工作与学习相互促进，不学习无法跟上时代发展的脚步，而学习的最终目的是为工作服务，只有在工作中才能体现学习的价值，才能更好地展示自我。工作之余，喜欢休闲的活动和运动，使身心得以放松，体验丰富多彩的生活。

3. 冯淑娟："三味"语文倡导者的课堂艺术

她是"三味"语文倡导者，强调语文教学的最高境界是不断触及学生的心灵世界甚至精神领域；她撰写了《初中作文写作技法引路》《作文的"大米"》和《走在追梦的路上》等专著，其中《初中作文写作技法引路》获得河北省教学成果一等奖；她带的语文教研组被评选为朝阳区红旗教研组和优秀教研组。她就是北京市陈经纶中学语文教研组长、中学语文特级教师冯淑娟。

印象

她一辈子用心做一件事

她说做人要有泥土心态，让别人踩在脚下，成为一条路。工作中经常把自己归零，办公桌上整齐地摆放着教育教学书籍和教育杂志，空闲的时候，她手不释卷，忙碌之余用阅读放松，工作之外通过阅读汲取营养。

她把课堂作为学堂。课上妙词佳句信手拈来，出口成章的语言深含母语的文化精神。作文课新鲜得如池塘春草，学生随时可以成为她下水作文的一部分，生动的情节将学生引向作文世界，将无痕的教育融于写作表达中，形成她"润物细无声"的教学风格。

她把作文视为人文关怀。指导学生对作文内容进行取舍和复改，结合她的多次复批，写作上任何一个学生都不会掉队。她用批语雕琢学生的精神世界，引导学生追求生活中的真善美，帮助学生发现生命的真谛，发现诗歌的美韵雅致、含蓄朦胧，发现散文的哲思之美。

她用阅读涵养学生的人生湿地。向学生推荐文质兼美的经典美文，自编读写教材，精选美文读本，拓展学生的阅读空间，成就学生的幸福人生。

忠于自己的内心和真实是她一贯的工作作风，她一心扑到教学上，一辈子用心做这一件事。（杨海龙）

课 堂

冯淑娟课堂教学艺术之一:"深读"折射出文本之美

语文课堂上学生"读"的方式很多,"深读"作为其中一种方式,使学生因读而思、因读而赏、因读而写。深读过程中的思、赏、写成为语文课堂教学培养学生语文能力的三个台阶,学生拾级而上,以读为凭借深入文本,文本之美因学生的"深读"被折射出来,语文教学因此而丰盈和饱满。我讲授《观舞记》一课,采用深读方式,安排深读过程:想读构境—品读赏美—疑读悟情。让语文教学立足于文本和语言,又没有止步于文本和语言。学生以"深读"为切入点,结合想象、赏析和创作触及文本的核心价值。课堂设计充满了弹性和张力,在既定的教学轨迹上给学生留出足够的创造空间,也保持了学生个性阅读和创造的热情。

一、想读——构境

学生在朗读文本的过程中,用联想将文字转换成形象,这些形象在头脑中构成画面,画面帮助学生构成文本学习情境。《观舞记》用文字呈现出来的是一门舞蹈艺术,舞蹈艺术用文字表现是平面的,学生借助想象深读文章,文字形象会在头脑中变成立体的,艺术之美和文字之美在画面形成过程中交融和重叠,学生对艺术的理解也会由抽象走向具体。

【课堂回放】

师: 这位同学读得很好,散文的味道读出来了。

师: 请你们用"深读"的方法,一边读,一边想象文字隐含的画面。

生: 我想象的舞蹈是有色彩和动感的。

生: 我想象的舞蹈动作是轻盈的,纤细的手指和急速的舞步如仙女一般。

师: 她想象的这个画面美吗?

生： 美。

师： 从哪里看出来的？

生： 手指和舞步的特点，还有"仙女"这个词语让人感受到美。

师： 用语言表现美还可以用一些修辞。老师听了你们的表述后，脑子里也出现了一个画面，你们想听吗？

生：（齐）想听。

师： 不能白听，要说出来老师想象的文字美在哪里。

师： 一双如烟的水眸欲语还休，朦胧的衣裙如雾里看花，朦胧而缥缈。整个人身轻如燕，闪动着色彩的舞姿多变轻灵，舞步如莲花般开放。

生： 抓住了眼睛和整个身体写人物舞蹈之美。

生： 用了比喻的修辞，每个句子都用了比喻，很巧妙。

【教学反思】

学生深读文章，教师指导想象的方法，学生尝试之后，教师追问并用语言示范。这几个环节让学生感受文字美的同时，用想象补写文本的文字留白。学生的阅读活动摆脱了在文字表面滑动的桎梏，从整体和深度上对印度舞蹈形成了美的认识。

二、品读——赏美

品读可以对学生进行审美熏陶，也能进行情感陶冶和气质培养。品读文字不是机械孤立地进行，作者笔下的文字包含作者的情感，带有作者的感情和温度。教师带领学生触摸文字所包含的温度，感受声律，体味词句，领会情感，这对于散文教学而言尤为重要。如《观舞记》中有这样一段文字："帘幕慢慢地拉开……卡拉玛·拉克希曼出来了。真是光艳的一闪！她向观众深深地低头合掌，抬起头来，她亮出了她的秀丽的面庞，和那能说出万千种话的一对长眉，一双眼睛。她端凝地站立着。"学生对这段文字的赏析过于笼统，我于是进行了追问引导。

【课堂回放】

师：这位同学朗读这段文字的时候，有没有觉得哪些地方应该读得慢一些？

生：慢慢、深深。

师：你的语感非常准，大家发现这些词都是什么词？

生：叠词。

师：同学们，齐读这段文字，注意"慢慢、深深"这些词语要读得慢一些。大家感受到了什么？

生：期盼和喜悦。

师：好，我们请一位同学读出喜悦的感觉。

（生读。）

师：这位学生读出喜悦的感觉了吗？

生：有喜悦，还有盼望。

师：好，姐妹的舞蹈给你的感受又是什么呢？

生：美。

师：请大家带着期盼和喜悦，读出舞蹈之美。

【教学反思】

品读不是机械地重复，学生将品味、朗读和感受结合在一起，读的目的性明确，品读的效果明显，增加了课堂的张弛感。学生陶醉在文字之中，感受作者的语言魅力和印度舞蹈之美。"文章不是无情物"，学生在品读中，领会文章的思想感情，"耳醉其音""心醉其情"。

三、疑读——悟情

品读语言应脱离程式化的束缚，不仅围绕修辞或者表达效果进行分析，还要借助"疑读"让语言品读走向细致，让内容理解走向深入，让感情把握走向精确。"质疑"修辞的贴切性，理解作者在修辞之中包含的真实情感，学生品读文字的水平会大有提高。执教《芦花荡》一课，学生品读："苇子还是那么狠狠地往上钻，目标好像就是天上。"引导学生质疑拟人修辞的贴切性，教学过程如下。

【课堂回放】

师：作者用"狠狠"描写苇子，是不是有些问题？

生："狠狠"写出了苇子的长势。

师：这位同学从外在长势上分析，还有其他原因吗？

生："狠狠"写出了苇子顽强的生命力。

师：这位同学是从生命角度分析，谁能再深入分析？

生：因为"狠狠"一词带有人的情感，写芦苇有追求的目标。

师：很好，既然"狠狠"带有人的情感，直接写人岂不更好，是不是作者抒发感情选错了对象？

生：苇子就像人一样，写它往上钻，其实也是写人。

师：从人的角度理解，"狠狠"包含的感情是什么呢？

生：是对白洋淀军民的赞美。

师：这个拟人太好了，结合你们的理解，我们一起读一遍。

【教学反思】

教师质疑拟人的贴切性，在剥笋式的层层追问下，让学生感受到看似很一般的拟人句，不仅可以从外形上理解其意，也可以从内在情感的角度去分析其深意，学生最终顺利悟出作者的情感和笔法的精妙。质疑修辞的贴切性，是从全新的角度来品读和运用修辞语言，看似作者信手拈来的一个拟人句子，也是经过深思熟虑的。（冯淑娟）

冯淑娟课堂教学艺术之二：课堂对话的追问和增值

语文课堂中的对话艺术是广泛的，不仅包含师生双方的言语交谈，也包含对文本的理解、感悟、批判、表达等活动，是师生双方不断体会、吸纳、批判、反思、重构、创造的过程，承载着厚重的社会意义和文化意义。在众多的对话之中，课堂上的师生对话是最常态的一种，良好的师生对话应该是平等的，带有语文色彩的。带有一定思想交锋的对话，对语文的学习效果能够产生增值的作用。

一、对话——追问技巧

课堂的追问技巧可以激活学生的语文思维，引导学生改善表达，从而构建有思想深度的语文课堂。课堂追问要讲究艺术，问题要指向学生的思维，帮助学生对问题进行思考。

【课堂回放】

师：刚才读到句子中有一个词语"参差不齐"，谁知道它的意思？

生：从高低的角度看很不平。

师：从我的角度看去，你们的桌子摆放参差不齐，行不行？

生：行。

师：为什么行？

生：从平面的角度看去不整齐。

师：那我再举个例子，窗台上的绿萝的叶子参差不齐，行吗？

生：行。

师：你们是从哪个角度看的？

生：侧面。

师：跳水运动员的水平参差不齐可以吗？

生：可以。

师：为什么？

生：运动员的水平有高有低。

师：参差不齐不仅是长短不齐的意思，还有其他意思吗？

生：除了长短、高低不齐，还有水平不一的意思。

【教学反思】

在教师的层层追问之下，学生对"参差不齐"的内涵和外延有了更深入、更全面的理解。追问过程中，教师在问题情境中使用词语，让学生深入理解词语。这样的追问促使学生在语境中思考和分析词语，配合教师的引导和同学的辨析，学生逐渐对词语形成深刻的印象。

二、对话——增值艺术

教学实践中两种对话值得警惕：一种是学生盲目循着老师引导的应声；一种是老师提出问题，学生回答问题的齐声。前者的问题是学生对老师的发问可能一知半解，而后者的问题在于学生中一定有滥竽充数的现象存在。课堂上高质量的对话，要使学生的语文能力实现增值，思维在对话中形成碰撞，情感在对话中实现融通。执教作文引导课《陪伴》时产生了这样一段对话：

【课堂回放】

师：在生活中有谁陪伴过你吗？

生：有，我的妈妈。

师：在哪里陪伴你？

生：雨中。

师：用什么陪伴你？

生：伞和话语。

师：妈妈说了什么？

生：妈妈看到蜷缩在角落的大小两只狗，说它们彼此用温暖陪伴。

师：妈妈说这些，你心里怎么想？

生：我觉得妈妈陪伴我，我的感受也是温暖的。

师：作文中怎样处理狗和人的关系？

生：把狗的陪伴作为衬托内容，详写妈妈雨中陪我。

师：用什么修辞进行表达？

生：我试着把狗当作人来写，用拟人修辞。

【教学反思】

巴甫洛夫认为："一切教学都是各种联想的形式。"教会学生在作文中联想，对材料进行挖掘，学生的思路会因此而开阔。教师的追问引发学生作文思路由狭窄走向开阔，由现实走向想象，由不生动走向生动，由不具体走向具体。通过这样的追问，学生的"思维"和"语言"都得到了增值。（冯淑娟）

冯淑娟课堂教学艺术之三：作文教学中的情境艺术

　　优质的教学情境可以将静态文字与学生动态思维有机结合，教师用微型美文或者情境片段引导学生沉溺于文字之中，全身心地投入到教学情境的深水区。将学生内在积累与外在刺激有机结合，打通学生吸收与教师输出的道路。随着这条道路逐渐变宽，学生前期储备的材料自动激活，实现作文思维的苏醒。写作教学关系到内外两个部分，内是学生的情感，外是学生的见闻经历。当二者在合适的地方被联系起来，就会有写作的构想了。课堂是一个特殊的环境，教师用故事情境将影响学生写作的内外因素激活，在情境中与真实世界相通，情感与认知相结合，想象的空间被拓展，形成了"形真""情切""意远"的效果。

【课堂回放】

师：我手中有一枚枯黄的叶子，它美丽吗？

生：不美丽。

师：为什么？

生：外形不美，颜色枯黄，还有虫洞。

师：它在我的心中是美丽的，你能猜猜为什么吗？

生：它之前是绿色的。

生：它有一个美丽的故事。

生：因为它的精神。

师：听我说完你们再判断："第一次见到它，是在一个午后，晚秋的风摇曳着站在窗外的一棵白杨树，树上只有几枚叶子挑在那里。其中一枚站在树的顶端，当风来袭，它用叶柄牢牢抓住树枝，任凭风儿肆虐，它也没有被秋风摇下来，因为它有一颗坚强的心。眼下，看到它躺在树下，双手捧起它，心中不由涌起对一个生命离去的敬意。"

生： 是叶子美丽的精神打动了您。

师： 那些看似不美的事物，其内在蕴藏着一种精神，而内在的精神之美往往比外在之美更具有吸引力。循着老师的思路，你们由叶之美想到哪些材料呢？

【教学反思】

设置教学情境增强学生的感受性、着眼学生的创造性、诱发学生的实践性。作文引导课，教师设置情境为学生想象和激活素材创造了条件，打通了课堂和生活的联系。同时将选材技法与学生生活巧妙结合在一起，在情境中实现了学生情感与认知相结合，实践与思考相结合。（冯淑娟）

以文之"味"，滋人之"养"——我的"三味"课堂观

"三味"课堂是指在语文教学过程中，以"共生互学"的师生关系为前提，通过情感激发、语言品味和文化融入等手段，让学生体验到文学魅力，吸收文化知识，达到审美享受，从而实现课堂的语文味、文学味和文化味。"三味"不可分割，既互相联系又互相渗透。

一、语文味

教师用朗诵的精彩，语言的精妙，情感的精深，在读、品、悟的过程中形成怡然自乐的浓浓的课堂学习氛围，在充满人情味的关怀中，实现学生语文能力和语文素养同步增长。研究课堂的"语文味"有多个角度，本人在"声味、言味、情味"三个方面进行了探索实践。

声味：语文文本是一个有声的生命存在，它将浓厚的民族文化情感潜匿于静止的文字符号之中，教师用抑扬顿挫的声调将无声藏情的语言转化为有声溢情的语言。在琅琅的读书声中，语文文本中特有的音韵美和内在情感才能跃出纸面，驻于心间。学生在悦耳动听的音律节奏中融入意境，生出感情。教师在课堂上借助朗读，用声音向学生传递美妙、悠扬的像古典音乐一样的读书之声，或缓或急，学生的心灵沉浸在宁静与和谐之中，去联想、去感受、去体验文字的真意。

言味：教师用灵动和生动的语言在课堂上为学生创造出情境，让学生的思维与文本发生共振，接通文字和学生思维的通道，促使学生对文字的感受达到"知情合一"的境界。

情味：教师带动学生寻找文本的情感支点，品味那些有形象、有味道、有气息的词语，走进悟情、悟理的境地。

语文课在声之有味、言之有味、情之有味的前提下，让文字舞蹈，让美词熏

陶，让情感灵动，以此打造课堂的"语文味"。

二、文学味

文学作品以其独特的文学光芒普照着学习母语的每一个个体，作品中的文学人物、文学符号、文学因素以其顽强的生命力，延续在历史长河的不同阶段。语文课堂是文学交流和碰撞的圣地，在课堂上引入文学因素，让其充盈语文课堂，为课堂注入新的活力，让课堂充满生机。将文学片段、文学人物、文学符号等内容引入课堂，帮助学生理解文章，促进学生探究问题，用文学的外延去彰显文章的内涵。

以文为梯：语文课堂上适当补充与文本有关的文学材料，开辟学生理解文本的通道，融入文学因素，延伸文学内容作为梯子，让学生借助梯子上攀到高处，看到最高处的美丽风景。

以文营境：教学中用文学营造情境，进行教学突破，消除阻碍。重构语言情境，寻找相关、相似因素设计理解之境，让学生在不同文字构成的环境中思考和联系，形成学生解决问题的参照。

以文为垫：有思想深度和内涵的文章，自有它的深奥之处，要打破因深奥形成的阅读隔膜。补充多则文学资料，从不同角度提示学生对文本进行全面理解，启发学生触类旁通，实现学生与文本顺利对话。

三、文化味

"文化"属于人的修养范畴，对于教师和学生而言，加强修养的一般途径就是：以文学之心鉴赏，涵养文化情怀。对于"文"与"情"的距离，要用"化"去融，文字只有融入学生的内心了，融入学生的感情了，"文化"的作用才会在语文课堂上发挥出来。有些传统因素内隐于文字之下，构成文章的品质。教师通过开掘文字深处的文化因素，促进文化因素在学生思想深处裂变与发展。

化之以号：语文课堂上，结合教学文本，教师引入一些文化符号，或者开掘文本中裹藏着的文化信息，提炼成学生能够理解的内容，形成学生对文化的认同感、归属感、责任感。如莲、菊、竹等形象，这些形象在人们的头脑中已经成为了一种文化符号。随文讲解文化意象的内涵，辅助学生对文本的理解，学生的思想被文化浸润，课堂随之具有"文化味"。

化之以艺：绘画和音乐是与语文教学有关的艺术因素，特别是那些文质兼美的散文，采用读文和赏画结合的方式，让学生在画中寻文，在文中品画。有了绘画因素的帮助，学生对文字的理解有了深度。文化与艺术结合，浸染学生的心灵，让学生领略到文本深处的风景。借艺术因素培养学生对文化的感觉，语文课堂也有了文化味道。

"三味"课堂是语文味、文学味、文化味的有机融合，"三味"在教学中互相渗透，让学生完善自我，达到修身、悟性、怡情的目的，实现"文化"在学生心灵层面的一种回归。这是语文课堂教学的一种境界，也是完整学生文化人生的一个途径。（冯淑娟）

自 白

冯淑娟自画像

自我评价：善于自我打破，接受新事物，敢于创新，有一颗童心，好奇心强，工作作风严谨务实，生活中喜欢简单的事物，善于发现美的存在。

对自己启发最大的教育名言：我们知道每个人的潜力远远超过已经实现的一切。（彼得·克莱恩）

对自己影响最大的书：《叶圣陶教育文集》《给教师的建议》《班主任工作漫谈》。

心目中的好老师：学识渊博——有丰富学识和学业素养，有理论储备，将理论与实践相融合。善思善研——乐于思考，不盲从；善于发现自身问题，享受解决问题的过程。合作友善——有合作精神、沟通能力、人情味，包容别人，悦纳自己。

心目中的好学生：视学习为快乐，视困难为朋友，视创新为必须。

心目中的好学校：校长有担当，学校有文化，教师有观念，学生有解放，课程有快乐，教研有驱动，评价有标准，学习有平台，校本不做加法。

教育教学观：语文学习与生活实践密切相关，阅读关乎学生的精神世界。教育发生的前提是教育者乐于接受和改变。

怎样战胜挫折和困难：查阅专业书刊，借助阅读解决；请教专家寻求帮助；阅读《哲思录》等书籍思考和感悟。

取得成绩的经验：对事业有赤子般的热情，热爱发生在教学中的任何问题。

业余爱好：工作之余，阅读散文和美文，欣赏舒缓的音乐，阅读教育专著和刊物，偶尔阅读报纸，关注有关教育动态和教育改革的文字。

想对教师说的话：课堂是长度，天天在延伸，离不开实践；教研是宽度，日日在拓展，离不开理论；改革是深度，年年在追索，离不开创新。

4. 宋金萍：精彩课堂，从智慧、自主到全纳

36 岁时，她被评为天津市特级教师；她的育人风格是"用智慧的爱触动心灵、用深沉的爱塑造心灵"；她的教学风格是"放飞激情、尊重差异、张扬个性"；曾获全国物理教学大赛一等奖，并荣获"北京市物理竞赛优秀辅导教师""天津市优秀教师"等荣誉称号。她就是北京市陈经纶中学物理教师宋金萍。

印 象

年轻美丽的"老教师"

　　干净利落的短发，秀眉大眼，笑起来很有感染力，宋金萍看上去既美丽又知性。作为教师，宋金萍不只美在外表，更美在她的才华和品格，美在她的师者情怀和教育理念。

　　她年轻，但她的资历却很老：从教 18 年，担任了 14 年班主任、1 年年级组组长，送走 6 届高三毕业班。

　　她漂亮，但她的成绩更漂亮：2003 年 11 月在天津市网络教学说课大赛中获一等奖；2004 年 11 月作为天津市高中组的唯一代表，参加第六届全国中青年物理教师创优课大赛，荣获一等奖；2005 年被破格评为中学物理高级教师，2012 年被评为天津市特级教师；曾荣获"天津市中小学优秀班主任""天津市优秀教师""天津市师德先进个人"等荣誉称号。

　　朝朝暮暮，三尺讲台上她挥洒着热情；岁岁年年，一支粉笔记下了她的辛勤付出。她是宋金萍，年纪轻轻却成绩斐然。（左毓红）

宋金萍课堂教学艺术之一：创建"智慧课堂"

一、用智慧的创新引发学生的兴趣，让兴趣点燃学生的智慧

【课堂回放】

在《电场中的导体》一课的课题引入时，我用硫酸纸剪了一些细细的小条，系紧小条的一端，带上静电后，那些细细的小条就像美丽的鲜花一样盛开了，紧紧吸引着学生的视线；当用金属网将其笼罩住后再使其带电时，花又不开了。几乎相同的实验过程，实验现象却有着如此大的差异，这让学生既惊讶又好奇。学生自然会产生围绕差异展开讨论的愿望，在讨论中点燃智慧的火花。

【教学反思】

无论从心理学的角度还是教育学的角度来看，兴趣都会转化为学生学习的动力。那么如何激发学生的学习兴趣？是用幽默诙谐的语言，还是生动传神的手势，抑或丰富传情的眼神？这些都是兴趣教学的必选项，但一定要适度。回顾我们个人的学习经历，那些永不磨灭的印象到底是什么？我想更多的还是差异感极强的情景或实验。在物理教学中制造出一些与学生日常经验有差异的情境，更能引发学生兴趣，调动学生思考，启迪学生智慧。

二、源于生活的智慧促进学生思考，让思考发展学生的智慧

【课堂回放】

谈到安全用电，学生很难想象从事高压作业的工人的工作服里布满了金属丝。所以在讲述静电屏蔽现象时我先从学生身边常见的现象入手，让学生观察有线电

视的屏蔽线，再让学生为高压电操作工设计保护服，最后让学生实际体验穿着屏蔽服不受高压电影响的感觉。越来越深刻的差异感受强烈撞击着学生的原有认知，引导学生深入思考。

【教学反思】

物理是一门实用性很强的学科，现代人的衣、食、住、行都离不开物理。当学生认识到某项知识、某种技能与现实生活息息相关时，就能促进学生的深入思考。可以从身边的物理现象入手充分挖掘与学生日常生活经验有差异的实验，这也是物理课堂教学的最佳切入点。

物理又是思维含量极高的学科，它的实践本质和思维本质决定了它在开启学生的智慧方面肩负着重要的使命，所以在教学中我紧紧抓住物理学科的本质，寻找差异点，促进直接经验与间接经验之间的贯通，用我的智慧点燃学生智慧的火花。

（宋金萍）

宋金萍课堂教学艺术之二：打造"自主课堂"

我信奉这样的教学理念：给学生一个空间，让他自己去创造；给学生一段时间，让他自己去安排；给学生一个条件，让他自己去锻炼；给学生一个问题，让他自己去探索。

我认为物理教学过程中最重要的是把握学生的成长规律，处理师生主体的渐变关系，而不是简单地将教学步骤、单元教学程序归结为"教学模式"。在课堂教学过程中我努力设计情境，让情境激发学生自主学习的愿望，这就是我所追求的"自主课堂"。在这样的课堂中，师生共同体会教与学的乐趣，教师是"教"的主人，学生是"学"的主人。

一、课堂设计增强趣味性，让学生乐于学

【课堂回放】

在《电场中的导体》一节中，静电感应过程是难点，以往的思路是将微观的看不见的静电感应过程用动画模拟出来，加深学生理解，而我则在这节课的设计上让学生给静电感应过程的模拟动画配解说词，在引发学生兴趣的基础上，让学生经过思考，自己用语言描述静电感应的整个过程。课堂上，为了能让自己的解说词与静电感应的动画过程完美结合，学生们认真阅读教材，反复练习，同伴间还互相交流，互提建议，他们非常投入地准备，积极踊跃发言，教学难点就在这样轻松、积极、愉快的氛围中得到了突破。

【教学反思】

提出有趣味的课题，演示趣味性的实验，使用趣味性的语言，能牢牢地吸引

学生的注意力。在教学设计中，我努力调整教学方式、设计教学环节，让学生在兴趣的引领下主动投入到学习中。

二、课堂设计体现实用性，让学生主动学

【课堂回放】

在讲授《力的分解》时，我没有刻意强调力的作用效果，因为学生的生活经验有限。我从学生身边常见的现象入手，让学生观察斧子是否锋利与什么因素有关，再找来不同的斧子让学生体验劈木头的难与易。在讲授超重失重现象时，我领着学生进电梯亲身感受。在体验中学生们产生了主动探求的愿望，争先恐后地研究其中的原理。

【教学反思】

物理实践活动创设情境，紧紧抓住学生的兴趣点，引导学生将所学知识与实际联系在一起，有助于激发学生的好奇心和求知欲，让学生产生跃跃欲试的激情。把课堂还给学生，学生始终在实践中主动探索，必然会产生成就感和创新精神。

"自主课堂"应该是用清新、幽默的教学语言，精致、用心的教学设计引领学生加入"物理探索之旅"；创建自主的课堂并不是一味地迎合学生，听其自然，而是帮助学生在愉快轻松的环境中，在求真务实的氛围下，增长知识，提高能力。

（宋金萍）

宋金萍课堂教学艺术之三：营造"全纳课堂"

基础教育课程改革的核心理念是"为了每一位学生的发展"，而传统课堂教学是以师讲生听为主的课堂，在这种情形下的教学经常是照顾中间，丢了两头，使现代教育思想中教育的全民性、公正性得不到真正体现。教师授课时要面对中学生个体的思想、情感、能力差异等问题，如何在同一课堂中，使不同层次的学生"各尽其能、共同发展"呢？基于对"全纳教育"的思考和近几年的教育教学实践，我作了一些尝试，探索营造"各尽其能、共同发展"教学氛围的"全纳课堂"。

【课堂回放】

课题：圆周运动习题课。

课时：2课时。

教学目标：

1. 基本目标。

能应用牛顿第二定律分析圆周运动的向心力。

2. 较高目标。

能解决从生活生产的实际问题中抽象出来的简单模型中的圆周运动相关问题，并能用语言对该问题进行分析表述。

3. 拔高目标。

能解决生活生产中较复杂的圆周运动的相关问题。对问题的分析、表述要精准、有逻辑性。

教学方法：

为了让不同能力层次的学生都能够产生学习的愿望，我将习题课以竞赛的形式呈现出来。竞赛主题是"非思勿讲圆运动应用大赛"，赛事根据学生能力发展分成两季：第一季是"夯实基础篇"，第二季是"能力提升篇"。在赛前通过赛事指南的"赛前理论热身"环节，驱动不同层次的学生在对圆周运动原有认知基础上展开自主复习，再用阶梯设问引导不同层次学生收获相应的认知提升，为后面的应用打下坚实的理论基础。

"赛前实践热身"环节选择了一些基础应用题型，让基本层次的学生（边缘生）应用所学解决简单问题，增强了其参与竞赛的自信心，促使其达到基本目标；而较高层次的学生（中等生）经历了这个环节又能进一步理清解决思路，从基本目标奔向较高目标；较高层次的学生（优秀生）在这个环节中一定会积极主动解决问题，提升思维的逻辑性、语言表述的精准性，为最终达到拔高目标奠定坚实的基础。

竞赛中，我根据学生原有水平进行了均衡分组，在竞赛过程中他们可以根据题目的难易选派相应选手来竞答。我在规则制定上也鼓励每一名同学都参与进来，无论原有水平如何，都会让他们在原有基础上有所提升，增长自信。

教学评价：

借助竞赛规则实现评价功能，规则制定体现了"全纳"思想，只要学生在原有水平基础上有所进步，就会获得相应分数。评价的目的不仅是让学生在知识、能力上有所收获，更重要的是提升他们的自信，启发他们主动深入思考，并能够将思考上升为语言的精准表述，促进不同层次学生都在原有基础上得到进一步发展，真正实现各尽其能、共同发展。

【教学反思】

1. 不同层次的教学目标的制定——分层定标。

现代心理学研究表明：从发展的角度看，只有施教目标在接近或略高于被施教者的实际水平时才能达到教学的最佳效果。我在充分兼顾学生的实际水平和对物理知识掌握的内在层次的基础上，把原有的三维教学目标（知识与技能，过程与方法，情感态度与价值观）又分别细化为三个层次：基本目标、较高目标和拔高目标。

在制定教学目标时要兼顾不同层次的学生，边缘生在牢固掌握基本目标的前提下，可根据自身情况冲击较高目标，中等生和优秀生除了完成较高目标外，还可以冲刺拔高目标。这样不同层次的学生都能够在力所能及的范围内获得成功的愉悦，并将愉悦转化为向更高目标冲击的动力，进而使每一位学生都得到应有的发展。

在该教学环节的展开过程中，问题的设置是关键。所以，教师选择最佳问题来驱动学生的思维，以问题为教学流程控制点，驱动不同层次学生去深入发现、探究，是教学构想实施的关键。

在"全纳课堂"教学中，要根据不同的课型，结合自身的教学特点，在同一时间内针对同一问卷、同一实验，提供不同级别、不同层次的子问题，使学生根据自身认知水平展开自主学习，在开放的氛围中实现"能者多获，各有所得"。

2.测试—反馈—补偿—达标。

任何一个教学构想，如果没有适合它的评价体系的支持，都很难实现。传统的评价方式过于强调统一性，缺乏灵活性。"全纳课堂"要求对教学目标、教学方法进行全方位的分层，所以必须进行多渠道的检测、反馈、评价，这样可以为教师的准确分层提供最有力的支持，而补偿是保证各层教学目标彻底达成的重要手段之一。

通过"全纳课堂"教学构想，在尊重个体差异的前提下，实现了优等生强化、中等生优化、边缘生转化的效果，达成了"各尽其能、共同发展"的教学目标，充分体现了教育的全民性和公正性。（宋金萍）

观 点

走进学生心灵的物理教育

一、深入人心的物理教学——我的课程观

物理教师不仅仅是科学知识的传递者，更应当是学生灵魂的塑造者。作为一名担任过多年班主任的物理教师，我更喜欢智商、情商双高的学生。这样的学生不仅在学生时代受老师、同学的欢迎，走向社会之后将更有发展。所以我在平时的备课中捕捉物理知识中的德育要素，在教学中鼓励学生独立思考和创新，结合科学知识的学习进行德育渗透。学生的心灵在物理课堂中得到潜移默化的滋润，逐步形成正确的人生观、价值观。

二、走进学生的心灵，他才能走进物理——我的学生观

我认为师生关系的建立有四个层次：相识（技能层面）—相知（态度层面）—相信（心理层面）—相依（精神层面）。师生初次相识，学生会通过教师的业务水平和谈吐举止对教师产生初步认识，这时教师的"十句话等于一句话"，因为另外九句话学生没听进去。当学生开始欣赏你的敬业精神和职业操守时，师生关系就上升到了相知层面，这时教师说一句话学生只是大概知其意思，因为他没有充分相信教师，他要批判地吸收，即"一约等于一"。

当教师通过关爱心灵、引领成长让学生佩服时，师生关系就上升到相信的层次了，这时教师说一不二，即"一等于一"。渐渐地，学生会因教师的人格魅力而敬仰教师，对教师产生心理依赖，这时即便教师只说一句话，学生也会用心去领会，即"一等于十"。这时再开展任何教育都将是高效的，即便是多数学生认为很难的物理学科，也会变得容易得多。

三、回归学科本质，尊重学生发展，创新物理作业——我的作业观

"减负提质"不仅仅是减少作业，更重要的是让学生喜欢学习，主动完成作业。如何提升作业质量，让学生"乐学""会学"？解决之道就是回归学科本真。物理是理论和实践结合，基础和创新并重的学科，物理学科不仅蕴含着社会价值，更饱含着丰富的思维价值，所以我围绕"源于生活，应用于实践"和"发展学生思维能力"这两条主线创新作业设计。

一是向社会价值回归的作业创新。物理学习的最终目的还是要走向生活，应用于实践的。我依据各年级学生特点设计实践性作业，如针对刚入高中的学生可以设计一些应用所学知识进行小制作的实验，学过动量之后可以让学生做水火箭，学过圆运动后可以让学生做棉花糖机等等。这一系列作业不仅可以提高学生学习物理的兴趣，还可以促使学生更好地领会物理的本真——源于生活，应用于实践。

二是向思维价值回归的作业创新。基于对学生现状及教学现状的分析，我尝试"三结合、三挖掘"创新物理作业。结合物理学科特点、高中各年级学生的年龄特点、教师的兴趣能力特点，挖掘学科特色、学生兴趣、教师潜质，确定每一个年级的创新主题，如高一年级"理性思维"的培养，高二年级"主动思维"的培养，高三年级"综合思维"的培养。这一系列创新作业切实减轻了学生过重的课业负担，又为学有余力的学生提供了广阔的思维发展平台。

我还力争让这一系列作业规范化、系统化，并且在反思基础上不断创新、优化，成为课堂教学的有力补充和拓展。相信我跟孩子间的一本本作业将成为记录孩子心路历程的珍贵手册，更是促进我育人能力发展的成长记录袋。（宋金萍）

自 白

宋金萍自画像

自我评价：个性特点为率真、热情、谦虚、严谨。工作作风为认真、严谨、执著，有追求，有责任心，有创造性。生活态度为健康、积极、乐观、进取。

教育教学观：放飞激情、尊重差异、张扬个性。

最喜欢的三本书：《物理学基础》《全纳教育与教师发展》《生命中不能承受之轻》。

心目中的好学生：有健康的身体和开朗的性格，诚实友善；有较强的语言表达能力，乐于合作和交流；有良好的习惯，关爱自然，有责任感；有较强的自学能力，意志坚强，自信，乐于探究，善于反思。

心目中的好老师：对所教的课程有极大的热情，对自己和学生有极大的信心，对他人有极大的尊重和信任；在教学的组织和创新过程中思想活跃，善于接受新事物和新观点，具有较强的求知欲、成就动机和广泛的社会兴趣；具有敏锐的直觉和认知能力；充满热情，追求完善；有较强的社会责任感。

心目中的好学校：把学生的需要放在首位，力争为学生的学习和成长提供一个理想的环境。具有突出的团体文化特色，能够在所有成员之间创造出认同感及内聚力。教师具有强烈的集体责任感，把尊重学生及团体的需要当作其首要工作。

处理师生关系：教师形成"用智慧的爱触动心灵、用深沉的爱塑造心灵"的充满人文关怀的育人思路，师生关系和谐。

取得成绩的经验：身为女性，各种社会角色带来的压力很大，但我身上有一种不服输的韧劲。我凭着这种韧劲克服困难，不断提升专业素养，不断超越自己。

工作与学习和生活的关系：工作与学习是辩证统一的，学习是为了充实自我、促进工作，工作是为了让学习的价值得到发挥，只有把学习培养成为一种习惯，当作一种工作需要，才能更好地完成工作。而生活是美好的，工作是成就美好生活的必选项。工作和生活可以双赢。

5. 黎宁："文艺范儿" 特级教师上数学课

她曾获"北京市优秀教师""全国特色教育优秀教师""北京市青年岗位能手""北京市优秀实验教师"等荣誉称号；她是第三届全国高中数学优秀课评比一等奖、北京市优质课评比一等奖等荣誉的获得者；她出版专著《中学数学教育新探索》，主编《中学数学思想的研究与设计》，参与编写《中学数学大全》等多部书籍，出版光盘《高考工具》等；多篇文章发表于《中学数学教学参考》等期刊。她就是北京市陈经纶中学数学教研组长，北京市数学特级教师黎宁。

印 象

她总是笑着的

　　清脆而急促的脚步声从二楼传到了四楼，传到了我们的耳畔。就像刚清醒似的，每个同学都突然打起精神。脚步声愈来愈近，接着，那个已经损坏了的门把手忽然转动了一下，映入眼帘的便是她那令人舒服的笑容，她的笑使整个教室变得明亮、舒畅，她的笑能抹去我们心间那氤氲着压力的尘霾。

　　这便是我的班主任黎老师。她每天的衣服都是新的，每天的笑容都是新的，每天的心情，当然也都是新的。

　　她连生气都是那么的温柔。数学课上，她叫我起来回答问题。我愣住了，因为我刚才打盹儿来着。无奈的我只好说道："老师我刚才没听。"她先是站了起来，目光迅速转到我身上，紧张得我脑门儿上冒出了汗，不知所措。令我惊讶的是，她竟然没有骂我。这事要是搁在初中老师身上，早就把我骂得不知所云了。而黎老师没有，她的笑容渐渐隐现出来，目光中流露出了对我上课不听讲的轻微埋怨，仿佛在对我诉说着："下次要听讲哦。"如此温柔的暗语使我立刻觉醒过来。她接着边笑边说道："你……好吧，先坐下。"她的微笑依旧挂在脸庞，我的心情依旧尴尬而又爽畅。

　　她又是那么关怀体贴。中午休息时，她来到班里，轻轻地说了声："把窗户关上，睡觉的同学别着凉。"她来到教室后边坐了下来，自习写作业的同学时不时会向她问问题，她会怀着关心，携着笑容，轻声地为同学们答疑解难。放学时，她会叮嘱我们："回家路上注意安全。"也许这些话语看起来很普通，也许这些话语不知有多少老师曾经说过，但她的声声体贴，句句关怀，加上她那永不熄灭的笑容，却能够给我们带来永不磨灭的热光与快乐。

　　她总是笑着的。

　　她的笑靥定格在那时光的洪流之中，定格在那记忆的长河之中。（赵筱宇）

黎宁课堂教学艺术之一：激发学生互动学习

【课堂回放】

《导数在研究函数中的应用》一课。

片段一：

师： 前一段时间我们学习了导数的概念、运算及应用，了解到作为微积分的重要组成部分，导数在研究函数的单调性、最值等问题中发挥着重要的作用，有了导数这个工具，我们研究函数如虎添翼！这节课我们从一个基本问题出发，来一次利用导数研究函数的探索之旅。（板书课题）

师： 可以想象，三次函数 $f(x) = ax^3 + bx^2 + cx + d(a \neq 0)$ 的图象与性质和系数 a、b、c、d 有直接关系。为了方便，我们先探究三次函数的单调性是由哪些系数决定的，各个系数又是如何影响函数的单调性的。

[学生用图形计算器绘制函数 $f(x) = ax^3 + bx^2 + cx + d(a \neq 0)$ 的图象。]

师： 你能猜猜哪个系数对函数的单调性没有影响吗？用图形计算器验证一下。

师： 用图形计算器单独验证系数 a 对三次函数 $f(x) = ax^3 + bx^2 + cx + d(a \neq 0)$ 的单调性的影响，你得到什么结论？你想怎样继续研究函数的单调性？改变其他参数的大小，有什么变化？你能证明吗？

[学生自主绘制三次函数图象，通过改变参数的大小，观察图形形状的变化，进而猜想结论并证明。$f'(x) = 0$ 的判别式 $\Delta = 4(b^2 - 3ac)$，$a > 0, \Delta > 0$；$a > 0, \Delta \leq 0$；$a < 0, \Delta > 0$；$a < 0, \Delta \leq 0$。]

师： 请一位同学到前面来向大家介绍他的研究成果。

（学生用图形计算器及实物投影如图 1、图 2，介绍他的研究过程以及结论。）

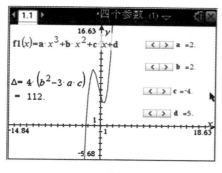

图 1   图 2

片段二：

师： 若函数 $f(x) = x^2 - a^x (a > 0, a \neq 1)$，当 $x \in (-1, 1)$ 时，均有 $f(x) < \dfrac{1}{2}$，则实数 a 的取值范围为_____。

生： 考虑 $f(x) = x^2 - a^x (a > 0, a \neq 1)$，对它求导，进而求其最大值，再令其最大值小于 $\dfrac{1}{2}$。

生： 转化成基本初等函数考虑问题，由 $f(x) < \dfrac{1}{2}$，得 $x^2 - a^x < \dfrac{1}{2}$，即 $a^x > x^2 - \dfrac{1}{2}$。

师： 太棒了！第一位同学从函数数的角度解决了问题，采用了表格，不仅单调性表示得很清楚，而且最大值、最小值也很明显，真可谓是"一举两得"；第二位同学从基本初等函数的角度解决问题，采用函数图象，让我们从直观上看到问题解决的途径。两位同学的解法可谓是各有千秋啊！

［学生利用图形计算器作出函数 $g(x) = a^x$ 与 $h(x) = x^2 - \dfrac{1}{2}$ 的图象，改变 a 值的大小，观察图形，得出不等式，解决问题。］

【专家评价】

本课利用图形计算器的绘图功能和统计功能，及时关注每个学生的情况并加以应对，引导学生自主探究、作图、分析问题和解决问题，有效调动学生的学习兴趣，是一节成功的合作探究课。

教者设计的两个例题中，都涉及函数极限的问题，现行教材未曾给出极限的概念，只是要求学生能从变化趋势上去直观感知图形的趋势，来界定极限。本节课教师引导学生利用图形计算器作出函数的图象，观察函数图象的变化趋势，很好地突破了这一教学难点，是本节课的"亮点"。

　　黎老师通过图形计算器导航软件的统计功能，及时掌握每个学生的学习情况，课堂掌控好，应对机智敏捷，抓住问题的实质，指出学生的错误，加以分析和引导，具有很好的教学效果。（特级教师袁京生）

黎宁课堂教学艺术之二：引导学生锐意创新

【课堂回放】

师：经过前面的学习，大家知道，在客观现实世界中存在着很多周期性变化现象，例如物理学中的简谐振动，人的情绪、体力、智力等心理、生理现象，气温的变化情况，要定量地刻画这些现象，我们可以借助三角函数这一重要数学模型。这节课我们继续学习三角函数模型在实际生产生活中的简单应用。

[教师板书课题：§1.6 三角函数模型的简单应用（二）。]

师：前期已经有"生动课堂"学习小组的同学选择了这个课题，自学了相关知识，搜集了生活中三角函数模型应用的实例，并进行了再研究，我们来看看他们究竟进行了怎样的学习和研究。

1. 学生提问，自主解决。

问题：国际大都市上海继东方明珠电视塔、金茂大厦之后，计划在虹口区北外滩汇山码头兴建又一座景观性、标志性、文化游乐性建筑——"上海梦幻世界摩天轮城"，占地 3.46 公顷，总投资超过 20 亿元人民币，内有世界最大的摩天轮。摩天轮中心 O 距离地面 200 米，直径 170 米(如图3)。摩天轮上将安装 36 个太空舱，

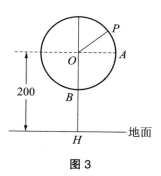

图 3

可同时容纳 1100 多人一览上海风光。摩天轮沿逆时针方向做匀速转动，每 8 分钟转一圈。若摩天轮轮周上的点 P 的起始位置在最低点 B 处（即时刻 t=0 分钟时的位置），已知在时刻 t 分钟时点 P 距离地面的高度 $f(t)$：

（1）求 20 分钟时，点 P 距离地面的高度；

（2）求 $f(t)$ 的函数解析式。

（解题过程略。）

学生设计的课后思考问题：

假设由于年久失修，摩天轮支架倾斜了30°（如图4），求 $f(t)$ 的函数解析式。

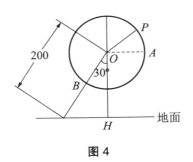

图 4

2.教师提问，共同解决。

【教学反思】

1.教师对课程要整体规划。前期教师至少要提供3个"生动课堂"主题和与这些主题相关的素材，确立"生动课堂"的开设时间，这就要求教师能够整体把握本学期的课程设置，提前规划，来确定哪些内容更适合学生讲解。

2.教师对课程本身研究得更深更广。一般来说，在教师的帮助下，学生精心准备出来的课的质量是比较高的，教师必须对相关知识研究得透彻，对学生的指导及课上的点评才会有深度和广度，才能对课堂可能出现的突发事件应对自如。

3.教师和学生的关系更亲近了。在课程准备阶段，教师是学生的助手和导师。没有课堂上教师教、学生学的"距离感"，教师会有更多机会听取学生的意见。师生交流的模式有了新的变化，学生在备课与课堂掌控方面遇到了难以想象的困难，他们发自内心地佩服老师，也更感激教师辛苦的付出。（黎宁）

黎宁课堂教学艺术之三：培养学生的探索精神

【课堂回放】

片段一：

（教师面带自信的微笑看着同学们，作回忆状。）

师： 同学们在学习第一章三角函数时曾经提过两个问题，问题1：函数 $y = \sin x + \cos x$ 的最大值是多少？

（教室里一片寂静，同学们在思考。）

师： 函数 $y = \sin x$ 与 $y = \cos x$ 的最大值都是1，那么 $y = \sin x + \cos x$ 的最大值是不是2呢？

生： 不是，当 $y = \sin x$ 取得最大值1时，$y = \cos x$ 等于0。

师： 若能把 $y = \sin x + \cos x$ 转化成一个角的三角函数的形式就好了！

（留下一个"悬念"，继续提问。）

师： 同学们知道 $\cos 15°$ 等于多少吗？

师： $15° = 45° - 30°$，我们知道 $45°$ 与 $30°$ 的三角函数值，能否求出 $\cos 15°$ 的值呢？是否有 $\cos 15° = \cos 45° - \cos 30°$ 成立呢？

师： $\cos(\alpha - \beta) = \cos\alpha - \cos\beta$ 是否恒成立？

［凭直觉得出 $\cos(\alpha - \beta) = \cos\alpha - \cos\beta$ 是学生容易出现的错误，通过讨论弄清结论，使学生明确"恒等"的含义，同时为进一步明确本节课的探索目标奠定了基础，使得教学过程自然流畅。］

片段二：引导探究，掌握新知。

（教师引导学生探索两角差的余弦公式的结构。）

问题：研究 $\cos(90° - 30°)$ 与 $\cos 90°$、$\sin 90°$、$\cos 30°$、$\sin 30°$ 之间的关系；

研究 $\cos(120° − 60°)$ 与 $\cos 120°$、$\sin 120°$、$\cos 60°$、$\sin 60°$ 之间的关系；

研究 $\cos(135° − 45°)$ 与 $\cos 135°$、$\sin 135°$、$\cos 45°$、$\sin 45°$ 之间的关系。

（学生观察特例，发现规律。）

生：$\cos(\alpha − \beta) = \cos\alpha\cos\beta + \sin\alpha\sin\beta$。

（通过学生熟悉的特殊角的三角函数值来探索公式的结构是比较自然的。在学生对公式的结构特性有了直观感知和基本了解的基础上，激发学生猜想、探求公式的欲望。）

师：能否证明 $\cos(\alpha − \beta) = \cos\alpha\cos\beta + \sin\alpha\sin\beta$？

（学生思考，教师巡视，引导学生利用向量的有关知识解决问题，板书证明过程。）

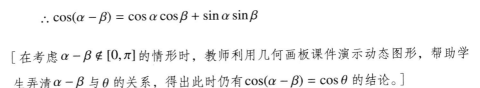

如图 5，作单位圆 O，以 Ox 为始边作角 α、β，它们的终边与单位圆 O 交于点 A、B，则：

$$\overrightarrow{OA} = (\cos\alpha, \sin\alpha)，\quad \overrightarrow{OB} = (\cos\beta, \sin\beta)$$

$$\therefore \overrightarrow{OA} \cdot \overrightarrow{OB} = (\cos\alpha\cos\beta + \sin\alpha\sin\beta)$$

（1）当 $\alpha − \beta \in [0, \pi]$ 时，向量 $\overrightarrow{OA}$ 与 $\overrightarrow{OB}$ 的夹角就是 $\alpha − \beta$，由向量数量积的定义，有

$$\overrightarrow{OA} \cdot \overrightarrow{OB} = \left|\overrightarrow{OA}\right| \cdot \left|\overrightarrow{OB}\right| \cos(\alpha − \beta) = \cos(\alpha − \beta)$$

$$\therefore \cos(\alpha − \beta) = \cos\alpha\cos\beta + \sin\alpha\sin\beta$$

图 5

［在考虑 $\alpha − \beta \notin [0, \pi]$ 的情形时，教师利用几何画板课件演示动态图形，帮助学生弄清 $\alpha − \beta$ 与 θ 的关系，得出此时仍有 $\cos(\alpha − \beta) = \cos\theta$ 的结论。］

（2）当 $\alpha − \beta \notin [0, \pi]$ 时，设 $\overrightarrow{OA}$ 与 $\overrightarrow{OB}$ 夹角为 θ，有 $\cos(\alpha − \beta) = \cos\theta$。因此，对于任意角 α、β 有 $\cos(\alpha − \beta) = \cos\alpha\cos\beta + \sin\alpha\sin\beta$ $\quad(C_{(\alpha−\beta)})$

（板书课题：两角和与差的余弦公式。）

（让学生经历用向量知识解决一个数学问题的过程，体会向量的工具作用及应用价值。）

【专家评析】

黎宁老师的这一节课，通过引导学生经历"计算三组特殊角的差的余弦值—发现公式的结构特征—猜想公式的一般形式—探索公式的证明思路—完成公式的一般推证—课后思考用向量方法证明公式"，努力促使教学、学习、研究三者同步协调，和谐发展。这一过程给初学"两角的差的余弦"的学生所带来的困难，可以帮助学生体会追求真理的艰辛，以此培养学生的探索精神，逐步形成良好的个性品质，而这正是数学文化价值的真谛。

这节课将信息技术与课堂教学恰当整合，对课堂教学质量的提高起到了十分积极的作用。黎宁老师这一节课选择了计算机辅助教学手段，制作了PPT，通过几何画板课件的演示，较好地揭示了 $\alpha - \beta$ 与向量夹角之间的关系，既直观，又生动，增大了课堂容量，提高了课堂效率，使信息技术真正起到了辅助教学的作用。（特级教师丁益祥）

也谈数学优秀生培养

我们这里所说的数学优秀生培养，不是指培养少数优秀的学生，而是要面向全体学生，将他们培养成具有较高数学素养、优秀数学品质的学生。

数学优秀生，除了掌握数学的基础知识、基本技能、基本思想，具有理性思维，能够提出、分析、解决问题之外，还应具备以下特征：很强的记忆力、高水平运算求解能力、较强的信息组织能力、特有的数学气质。

一、激发学生学习数学的兴趣

首先，要给学生创建一些平台，给他们足够的施展空间。青少年表现欲强，给他们创建施展才能的平台，可以让学生产生成就感，产生数学兴趣。作为教师，我们也可以从中发现人才，为后期培养作好准备。为此，我们可以让一些学生参加"冬、夏令营"等活动，丰富而充实的营训中，院士、数学家们谈数学的过去、现在和未来，论数学思想的起源与发展，可以让学生更好地理解数学、欣赏数学。

其次，可以从数学思维训练中培养学生的兴趣。让学生感受到这样的时刻：一条辅助线使无从着手的几何题豁然开朗，一个技巧使百思不得其解的不等式证明得以完成。这时的快乐与兴奋真是难以形容，让学生深刻地感受到数学美的真谛，从而更加喜欢数学，热爱数学。

教材中例题的一题多解，特别能调动学生思维的积极性和创造性，在解题教学中，不要追求学生的思路与教师及教材一致，甚至可以不去有意引导其思路与教师及教材一致，要创设态度民主型、思维开放型的课堂。教材中的例题一般只给出一种解法，但其中不少题却有多种解法，教师要在备课中尽量这些将解法挖掘出来，在课堂上通过点拨、暗示传递给学生，凡是学生有能力解答的教师只作评价和总结。

二、因材施教

数学教学要面向全体学生，使得人人都能获得良好的数学教育，使不同的人在数学上得到不同的发展。因此，数学教学必须正视差异，具备层次性和多样性，能适应学生个性发展的需求，既要使每一个学生都能获得良好的数学教育，又要为数学英才提供广阔的发展空间。

三、多样的培养模式

第一，数学探究性课题学习。即学生围绕某个数学问题，自主探究、学习的过程。这个过程包括观察分析数学事实，提出有意义的数学问题，猜测、探求适当的数学结论或规律，给出解释或证明。数学探究课题应该多样化，可以是某些数学结果的推广和深入，不同数学内容之间的联系和类比，也可以是发现和探索于己来说新的数学结果。鼓励学生在学习数学知识、技能、方法、思想的过程中发现和提出自己的问题并加以研究。

第二，数学阅读。加强数学学科的阅读研究，培养学生的阅读能力尤为重要。让学生带着问题阅读，质疑会使学生观察得更仔细，发现问题的能力逐步提高了，思考也自然更加周密深刻，阅读能力也得到了培养，使学生学会自主学习，完成读书笔记。

第三，先学后教。要求学生预习新课，在课堂上营造问题情境，尝试"先学后教"，调动学生学习的主动性、积极性。课堂上教师可以有的放矢，重点讲解学生不理解、不会的知识点，这样可以大大提高课堂教学效率。同时，优化教学目标是提高课堂教学效率的有效途径。"先学后教"不仅能培养学生的自学能力，使学生养成终身受益的习惯，也是实施素质教育的一种有效途径。

对优等生的培养是教师的一项重要任务，要培养他们分析问题和解决问题的能力。这是一个长期的过程，需要教师不断探索实践。（黎宁）

自 白

黎宁自画像

自我评价：开朗乐观，活泼外向，非常自信，处事果断，独立性强，但有时做事缺乏耐心，容易急躁，善于交际，组织能力强；感情丰富，具有亲和力，但有时非常情绪化，态度让人捉摸不透；自尊心强，务实，做事冷静、有计划，不怕艰苦；为人率真，待人诚恳；多情善感，机智敏捷；有较强的自制力，坚韧不拔。

教育教学观：让学生热爱数学，思维具有逻辑性，具备必要的数学素养，让有潜力的学生在数学方面学有建树，是我们数学教师的价值所在。

对自己影响最大的书：《中学数学教学概论》《数学思想概论》《什么是数学》。

心目中的好学生：人品正，有理想，好学乐学，有健康的身心。

心目中的好老师：一名好教师应热爱教育事业、热爱学生，具有高尚的师德；熟悉学科课程标准、教材，具备深厚的专业功底，具有教师的个人魅力。

心目中的好学校：好学校具备优良的硬件设备设施，先进的数字化信息建设，科学合理的管理体系，优良的教师人才队伍，优良的教育教学质量；管理者、教育工作者具有正确的教育观，学校已形成良好的校园文化，德育氛围好。

处理师生关系：处理师生关系的妙招是博学、平等、尊重和幽默。

怎样战胜挫折与困难：遇到困难或者挫折，要将其视为一种人生的历练。

取得成绩的经验：多年来，从未刻意地追求成绩，潜心钻研如何教学、如何落实，并付诸行动，做教育教学的有心人。

工作与学习的关系：工作与学习是互相促进、相互依存的关系，工作中不断产生进一步学习的需要，实际上教师是一个需要终生学习的职业；而不断的学习与进步也会促进工作的进步与发展。

20多年来，一直定期在健身俱乐部锻炼身体，喜欢搏击操、莱美舞蹈、印巴舞等。小时候喜欢绘画书法绣花，这些年荒废了，打算晚年退休后"重拾旧欢"。

6. 曹宇辉：发着光的课是这样"创"出来的

她提出"通过创新思维引导学生进行启发式教学"的理念，在重视理论教学的同时，更能及时更新教学内容，与时代的发展同步，让学生从中获益更多；她深爱化学教育，因工作业绩突出，曾获朝阳区五一劳动奖章，被评为"全国基础教育化学新课程实施优秀个人"。她就是北京市化学学科教学带头人，北京市朝阳区陈经纶中学曹宇辉。

印　象

她的课，她的人，都是发着光的

化学，是一门非常有魅力的学科；化学教师曹宇辉，用她的方式让化学在课堂上发光发亮，更让化学的光辉照到学生的心里。

她曾经说："比起让学生理解课本上的知识，我更希望他们能自己主动去发现化学真正的魅力，这样的化学，才能在学生心里发光发亮。"备课的时候，她会仔细考虑哪些地方是学生可能提出疑问的，哪些地方是可以延伸到其他知识点的，等等；讲课的时候，她会努力调动学生的积极性，用自己丰富的语言技巧激发学生的好奇心，同时也会根据学生在课堂上的反应对自己讲课的内容和深度进行一些简单的调整，保证每一个学生都能在课堂上学到知识；课下，她会仔细批阅学生的每一份作业，认真地总结学生不理解的部分，并将这部分备到下堂课的内容中。

"曹老师的课上，化学的魅力是如此吸引人。她的课，她的人，都是发着光的呀！"有学生这样说。

是的，她在课堂上总能恰到好处地将学生的思维引到问题的情境中来，又能留给学生一个思考问题的空间，可见她对于化学的理解之深，对化学教育的理解之深。

因此，她的学生不但喜欢她的课，更喜欢和她相处。她不仅让化学发光发亮，她展现的人格魅力也是如此闪耀。（曹梦珺）

曹宇辉课堂教学艺术之一：创设问题情境

【课堂回放】

师： 我们今天要来复习金属及其化合物的相关知识，首先请同学们来看一些实验图片。

（学生看图片。）

师： 这是一块刚切开的金属钠，表面有金属光泽，两分钟以后光泽变暗，大约一个半小时以后金属表面变潮湿，最终变成白色固体。请同学们根据以上的实验事实想一想这个实验过程中都发生了哪些变化，最终生成了什么物质。同学们讨论一下……

（学生热烈讨论。）

生： 表面变暗的时候生成氧化钠，变成白色固体的时候生成氢氧化钠，表面变潮湿是氢氧化钠潮解，最终变成白色固体是形成了碳酸钠。

师： 说得很好。我们来看，在整个变化中涉及了钠和钠的化合物四种物质，即钠、氧化钠、氢氧化钠和碳酸钠。同学们，从物质分类的角度来看，它们都是哪类物质？钠是哪一类物质啊？

生：（齐）金属单质。

师： 氧化钠？

生：（齐）金属氧化物。

师： 氢氧化钠？

生：（齐）碱。

师： 碱即氧化物对应的水化物，那碳酸钠呢？

生：（齐）盐。

【教学反思】

本节课之初，我设计了金属钠放置在空气中产生一系列变化的实验照片以引入，使学生在分析原因的同时初步建立起物质转化的一般思路，为后面的复习进行铺垫。"创造性思维基于实验始于问题"，复习课题的设计可以从适时地、恰到好处地提出需要解决的某个问题开始。我按照教学内容或化学知识的渗透和迁移，明确地提出问题，将学生的思维引到问题的情境中来，并留给学生思考问题的空间，这样可以充分地、有效地调动学生的学习积极性，让学生积极思维，为解决问题创设了良好的环境。在课堂教学活动中，激发和维持学生的学习动机应始终处于核心的地位。（曹宇辉）

曹宇辉课堂教学艺术之二：让学生成为学习的主体

【课堂回放】

师：我们已经学习了这么多物质，那我们今天就以钠和钠的化合物为例来讨论一下这四类物质所具有的化学性质。现在先来布置一个任务，同学们请看学案，请将金属单质、金属氧化物、金属氧化物对应的水化物的性质总结在学案上，因为时间有限我们分组进行，能用方程式表示的用方程式表示。我提醒同学们，特别是研究金属氧化物的这几组同学，由于金属氧化物的性质比较复杂，我们是不是可以进一步把它分类研究？大家注意，在总结的过程中，除了钠及其化合物以外，我们还要结合我们所学过的其他金属及相关知识进行总结。

（学生热烈讨论。）

生：可以与非金属反应。

生：可以与酸反应。

生：可以与单质反应。

师：我们是不是可以用一句话来总结金属单质的性质？金属在化学反应中价态会如何变化？是否会升高？所以我们说金属单质只有还原性。同学们要注意一点，那就是铝可以和碱溶液反应，但是铝和碱的反应其本质也是铝和水的反应。换句话说，金属与碱和水的反应实质是与水电离出的氢离子反应。第二组同学你们总结的情况呢？

生：先把金属氧化物分成两性氧化物和非两性氧化物两大类。

师：那两性氧化物有什么特点？

生：两性氧化物可以与强酸反应，也可以与强碱反应。

师：生成什么物质？

生：以氧化铝为例，与酸反应可以生成铝离子，与碱反应生成了盐。

师：还有什么？

生：金属氧化物里的碱性氧化物还可以与碱或者水反应。

师：生成什么？

生：以氧化钠为例，氧化钠和水反应生成氢氧化钠，然后与酸反应生成盐。

师：这位同学说把金属氧化物分成了两大类，他印象比较深的是两性氧化物。接着他说出了碱性氧化物，大多数金属氧化物都是碱性氧化物。总结金属氧化物的性质实际上是主要总结碱性氧化物的通性。刚才我们已经总结了，活泼金属的氧化物可与水作用生成对应碱；碱性氧化物可以与酸性氧化物生成含氧酸盐，与酸反应生成盐和水；还有两性氧化物和过氧化物。比如过氧化钠可以与水和二氧化碳发生反应，接下来我们来总结碱的通性。

生：碱可以与酸反应生成盐和水，还可以与盐反应生成盐和碱，还可以与非金属氧化物反应，比如氢氧化钠可以与二氧化碳反应生成碳酸钠，氢氧化钠可以与水和铝反应生成偏铝酸钠和氢气。

【教学反思】

在课上，教师是学生学习的高级合作者，更多地体现为引导者、组织者、促进者。教师充分发挥激发兴趣、提出质疑、疏通引导、深化扩展的作用，通过创设民主的课堂气氛组织学生讨论，充分发挥学生的主体作用，提高学习效率。由于讨论是以小组形式进行，可充分调动每个学生参与的积极性，比传统教学要求学生承担更多的管理任务，使他们真正成为自主的思考者和学习者，从而取得良好的教学效果。（曹宇辉）

曹宇辉课堂教学艺术之三：让学生自己理解

【课堂回放】

师： 回顾一下我们前面所讲的金属及其化合物的通性，它们之间有没有联系？我们一开始讨论了钠的一系列反应，其他的金属也有类似的变化。例如钾长期放置在空气中会形成氧化钾继而吸水形成氢氧化钾，再吸收二氧化碳形成碳酸钾。通过高一的学习，我们知道铝和铁也有类似的转化关系，当然不完全相同。我们前边分析的物质有金属单质、金属氧化物、氧化物对应的水化物和盐，它们之间存在着对应的转化关系，我们以钠和钠的化合物为例画一张知识网络图。首先，这是我们刚刚复习的，那我把我们这学期所学的知识加在里面，就形成了这张知识网络图。

（展示钠及钠的化合物知识网络图。）

师： 这张网络图能够很好地表示出金属及其化合物的转化关系。请同学们模仿这个知识网络图，画出铁和铁的化合物之间的相互转化网络图。

（学生完成网络图。）

师： 下面我们来看看这位同学画的网络图。他的思路看上去很好，发散点是从谁出发的？

生： 铁。

师： 非常对。铁分别和氧气、水蒸气在不同条件下生成了三氧化二铁和四氧化三铁。金属从单质变成氧化物，然后变成盐最后生成了碱。请同学们仔细对比你画的知识网络图，相互看看有没有哪里需要补充。

（学生热烈讨论。）

生： 三氯化铁可以变成氯化亚铁，再加氢氧化钠变成氢氧化亚铁，然后氧化成氢氧化铁。

生： 铁可以加盐酸生成二价铁。

生： 氢氧化铁可以加热分解成氧化铁。

生： 铁氧化成氧化亚铁，再变成二价铁离子，后转变为氢氧化铁。

生： 二价铁可以和弱碱作用得到氢氧化亚铁吗？

师： 可以，比如说氨水。

生： 氢氧化亚铁可以加热分解。

师： 如果在空气中完成比较困难，因为氢氧化亚铁会迅速被氧化。

师： 今天的课大家有什么收获呢？

（学生思考。）

生： 物质的性质可以先分类再总结。

生： 物质的通性可以从物质分类的角度来总结，也可以从氧化还原的角度来总结。

生： 除了考虑物质的通性还要考虑物质的特性。

生： 学习某种元素的时候要先从它的单质入手，再考虑它的化合物。

师： 同学们总结得非常好！我们来总结一下这节课的内容，分析物质可以像同学们所说的从物质分类的角度来进行，也可以从氧化还原的角度来进行。从物质分类的角度总结要注意是否能与金属、非金属、水反应，与氧化物和酸、碱、盐反应。

【教学反思】

学生在总结归纳金属及其化合物通性这个步骤中，学习到了一些一般的认识策略和智慧技能。首要的教学问题就是教师不要对学生进行过多的干涉。只有这样，我们才能使学生真正获得解决问题的能力，也只有这样，从个别到一般，再从一般到个别的认知规律学生才能真正领略到。有时学生的注意力偏离了问题本身，教师不妨给予简单的提醒，但这种提醒绝不能干涉学生对问题的思考，仅仅起帮助学生提起元认知的监控作用，使其不偏离目标而已。（曹宇辉）

创设化学情境，激发学生创新思维

如何培养学生的创新思维呢？首先要使学生有良好的学习心态，有强烈的求知欲，对化学现象能产生强烈的好奇，这是一切创新的基础。化学与我们的生活息息相关，各种与化学有关的现象随处可见：用砖砌墙和贴瓷砖时，先要将砖和瓷砖用水湿润；新买的铝锅，烧过自来水后有黑色斑点；经常雷雨交加的地方禾苗长得很茂盛。这些奇妙的现象激起学生的好奇心后，就能促使他们去学习掌握水泥、铝和氮气的性质。

一、引发学生的好奇心

我们有时候会遇到一些奇特的实验现象。例如：一个铝制的易拉罐内充满 CO_2 气体，然后往罐内注入适量 NaOH 溶液，立即用胶布将罐口密封，反应一段时间后会发现易拉罐"内凹变瘪"，接着"瘪了的罐重新又鼓起来"。对于前面的现象一般很容易解释。这是因为学生很容易从固有的思维定势出发，即分析物质发生变化时，只从加入的物质来考虑，只分析 NaOH 溶液与 CO_2 的反应，就能得出易拉罐会产生"内凹变瘪"的现象。为什么会出现后面的现象呢？深入思考，不难得出这是因为容器本身——铝与 NaOH 溶液也会发生反应。对这些现象的好奇，能使学生的情绪亢奋、激动，从而在白热化的思维之中，迸发出创新的火花。

同时，在学生良好的心理基础上，教师应该恰当质疑。科学研究、探索活动尤其需要质疑。疑而启思，疑而生变。在教师的质疑中，学生不是以一种被动接受的闭合的思维方式参与到认识过程中的，而是主动地以开放式思维去解疑。质疑构成了从一般性思维发展到创造性思维链上的关节点。学生掌握某种化学原理后，教师提出有发展性应用型的疑问，进一步拓展学生的创新思维，去解决实际问题。教师在进行萃取操作教学时，讲述了要将分液漏斗倒转过来进行振荡的原理后，可向同学们质疑：当两种互不相溶的溶液发生反应时，应怎样才能使两种溶液反应充分？在复习完氨气的喷泉实验后，学生可以思考：Cl_2、CO_2 在 NaOH 溶液中，SO_2 在酸性 $KMnO_4$ 溶液中能否形成喷泉？通过这样的质疑和解疑，学生将避免解决问题途径的单一性，而是多角度、多方法地去解决问题。

要学生学会质疑并进行创新思维，教师要充分调动学生经常进行这方面的训练，如一题多解、一题多变、多题一解等，都是培养学生发散思维的良好途径；同时要鼓励学生提出不同意见，对学生解题时的创新思维，即使在萌芽状态，都要积极扶持。这样不仅能拓宽学生的思维，而且能求异，达到创新的境地。

在一切的创造发明活动中，创新思维是基础，而创新能力是核心。怎样培养创新能力呢？这里先谈谈想象能力。想象能力对于学生形成创新能力具有积极的作用。培养想象能力，要学会联想。讲到 CH_4 气体的实验室制取时，联想到用这套装置还可以制 O_2、NH_3 气体；讲到硬水的软化时，想到水壶为什么易起水垢；讲到浓硫酸的强腐蚀性时，想到皮肤沾了浓硫酸时，应该怎么处理。

二、学会观察也是一项必不可少的能力

创新观察能力、创新实践能力也是形成创新能力的重要部分。观察是一切知识的门户，周密、精确和系统的观察是一切科学实验、科学新发现的基础。实践能力是创意与创新的桥梁。化学是以实验为基础的学科，培养这两方面能力就要加强课堂实验教学。在平时教学过程中，要充分利用化学实验或其他直观条件激发学生的观察兴趣，引导学生掌握基本的观察方法，让学生从实验现象、实验操作等不同视角，仔细观察，善于发现相同现象和不同现象，把观察和思维紧密地结合起来，从而使学生养成良好的观察习惯。

在引导学生观察实验仪器时，要求学生弄清实验仪器的各结构名称、使用方法与使用条件；观察实验现象时，要求学生从整体到局部，从静到动，从反应物到生成物的状态，弄清观察对象的主要特征及变化情况，引导学生从化学现象中发现问题、提出问题、分析问题和解决问题。同时，教师要在实验时留有"空白"和"开发区"，引导学生去发现，去创新，锻炼自己的创新实践能力。所以为了培养和提高学生的创新能力，我们在教学过程中必须加强实验教学，注重对学生进

行改进实验、设计实验等方面的指导。演示实验是化学教学中经常运用的教学形式，它生动、简捷、有效，是培养学生的观察能力、思维能力和动手操作能力最好的教学手段之一。

三、分析实验，得出正确结论是学生的最终目标

我在平时实施演示实验教学过程中，将教材中的演示实验分为三种形式来教学：对于重要实验，教师演示、学生观察分析得出结论；对一些要求不高的实验，可对学生开放实验室，要求学生设计或改进后上台演示；对一些难度较大，要求较高，现象又不太明显的实验，教师先进行演示，让学生在观察中提出问题，让学生讨论分析实验的缺陷在哪里，使学生始终处于探究的思维状态，进而改进实验。高中学生已经具有一定的实验操作能力，在此基础上运用实验探究式教学方法，让学生根据实验目的和原理设计评价方案，独立完成有关实验，可以激发学生兴趣，有利于掌握化学知识，培养思维能力。

例如：在解释为什么向 $Mg(OH)_2$ 悬浊液中加少量 NH_4Cl 固体会使 $Mg(OH)_2$ 溶解时，学生当中出现了两种不同的解释。有的学生认为是 NH_4Cl 溶液中 NH_4^+ 水解显酸性而溶解了 $Mg(OH)_2$ 固体，有的学生认为是 NH_4Cl 溶液中 NH_4^+ 和 $Mg(OH)_2$ 悬浊液中的少量的 OH^- 结合为 $NH_3 \cdot H_2O$ 而溶解 $Mg(OH)_2$。为了验证谁的解释对，教师鼓励学生寻找适当的方法，通过设计实验进行验证。经过探究，学生很快提出评价方案：向 $Mg(OH)_2$ 悬浊液中加少量醋酸钠固体，若 $Mg(OH)_2$ 固体溶解则证明是 NH_4^+ 起的作用，反之则证明是水解后得到的 H^+ 起的作用。在得到教师的肯定后，学生动手实验加以验证。

可以说，实验探究的过程是一个不断优化实验、优化思维的过程，对学生而言难度虽大，但可以有效地训练他们的实验能力，培养学生的创新精神和实践能力，实现知识、技能的统一。通过创设一定的问题情境，引导学生提出假设、制订研究方案、进行实验，从而有所发现。实验的成功，结论的得出，使学生初步尝试科学探究的乐趣，从而激发学生的学习积极性和主动性。他们在主动探究的同时，受到科学方法的训练，逐步认识和熟悉科学思维的一般规律。这有利于培养学生的创新精神和实践能力，提高学生的科学素质。（曹宇辉）

自白

曹宇辉自画像

自我评价：生活乐观、工作认真、性格沉稳而不失幽默。

教育教学观：引导学生学会学习。我提倡想式教学法，即在教学中注重调动学生的学习积极性，引导学生进行自主联想式学习，自己建构知识网络。

最喜欢的书：《给教师的建议》《学会教学》《布鲁纳教育论著选》。

心目中的好学生：能够在教师引导下自主学习，发现问题，提出问题，利用各种途径解决问题的学生。

心目中的好老师：能够和学生交朋友，能够引导学生爱学、乐学，引导学生在玩中学，引导学生学以致用，在生活中恰当使用知识解决问题，发现每个学生的闪光点，因材施教。

心目中的好学校：好学校要让学生在快乐成功的学习体验中展示自己的才能，发掘和激发潜能，重视对学生学习习惯、文明习惯的培养，致力于造就有能力、有智慧、有理想、不断学习、不断追求个人理想的公民。

处理师生关系：与学生交朋友是解决师生关系的最好方法。

取得成绩的经验：本着学习的心态、积极的心态去认真完成每一件事，事后认真总结、反思，不断修正提升自己。

工作与学习的关系：工作本身也是一种学习，因为每一天的工作都不会是简单的重复，都会学习到新的东西。工作之余，我喜欢听音乐、看书，在音乐创造出的轻松氛围中看书，使得学习成为一件快乐的事情。

第二辑　最有效的教学艺术

　　一个充满生机与乐趣的课堂，教师要有好"点子"，这"点子"就是有效的课堂教学艺术。一位优秀的教师，长于以精心备课的有效教学设计形成精美的教学方案，以激情四射的导入艺术使学生进入最佳学习状态，以精湛的讲解艺术有效训练学生的理解能力，以魅力无穷的设问艺术有效提高学生的思维水平，以经验丰富的辅导艺术有效训练学生分析问题、解决问题的能力和素质。

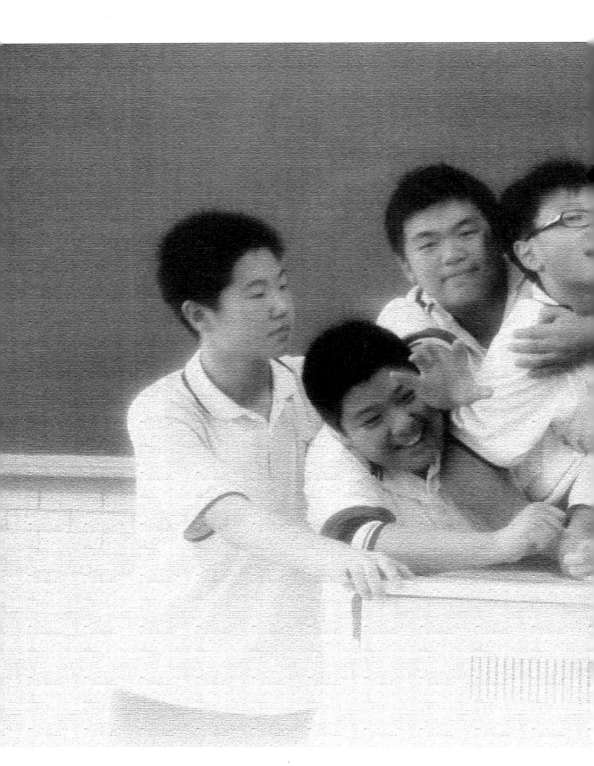

1. 龚浩生:"根号3"的数学人生

他辅导的学生获得全国高中数学联赛一等奖的两人,获得二等奖和三等奖的十多人;他在教学实践中逐渐形成授课严谨、自然,又不失风趣、幽默,注重启发学生思考、探究,注重学生思维训练的风格。他就是北京市陈经纶中学数学特级教师龚浩生,第九届苏步青数学教育奖获得者。

印 象

"根号 3" 龚浩生

他喜欢数学，热爱数学教育，在数学教育教学中不懈地探索。

他承前启后的课堂引入、问题情境的创设，让学生自然地进入思考、探究，让学生的思维不断随着问题的展开缓慢流淌，在不知不觉中领略到知识形成的风景，领悟知识的来龙去脉，使学生渐渐地养成不断追问、探究的良好思维习惯。

他重视学生的学习方式，提倡学生的合作交流、探究学习，关注学生的学习体验，强调学生积极主动乐观地自主学习，强调学生的运算训练，给学生动手、动脑的时间与机会。在突出知识形成过程的同时，不放过细节的完善及解决问题的规范表述，给学生以严谨的示范与启发，他常在一些问题解决后，通过诸如"谁还有什么疑问吗？""还有不同想法吗？"等追问，给学生较充分的表达机会，进行充分的思维挖掘。他常关注性格较为内向、不太主动交流的学生："你有什么疑难吗？""你可以多和同学交流交流啊！"也常有学生主动找到他："老师，这个问题我不太理解。""老师，这个问题我是这样想的，……到这里就不知怎么办了！"面对学生的各种困惑，他总是耐心、细致地与学生一起分析，不断启发、引导学生的思维，直到找出问题的关键所在，让学生真正明白、领悟。

他朴实，而且待人诚恳，同事们也都很乐意与他一起交流、讨论一些教学问题，而他也把这种交流当成一种相互学习。许多老师上比赛课或研讨课都和他讨论教学设计，请他听课指导并修改完善教案。有些老师写教学论文或解题文章，也与他交流、讨论，或把初稿给他检查、加工，都能得到一些中肯的、满意的建议与帮助。

他就是龚浩生老师，一个与数学（根号 3）有着特殊联系的人，一个平淡无奇的、默默的、踏实耕耘的人。（红袖子）

龚浩生课堂教学艺术之一：自然流畅的启发引导

【课堂回放】

《抛物线焦点弦的性质》一课的教学片段。

片段一：引出课题。

师：同学们已经学习了抛物线，现在我们来看抛物线 $y^2 = 2px(p > 0)$ 的图象（如图 1），请同学们回顾它的焦点坐标是什么？

生：$F(\frac{p}{2}, 0)$。

师：准线方程是什么？

生：$x = -\frac{p}{2}$。

师：连接抛物线上的点与焦点的线段叫什么？

生：焦半径。

师：焦半径 AF 的长有什么公式吗？

生：有，$|AF| = x_A + \frac{p}{2}$。

图 1

师：连接抛物线上任意两点的线段叫抛物线的弦，特别的、经过焦点的弦又可叫什么呢？

生：焦点弦。

师：好！现在我们就一起来探究抛物线的焦点弦的性质。

片段二：代数性质的探究。

师：取抛物线 $y^2 = 2px$ 的焦点弦 AB，设 $A(x_1, y_1)$、$B(x_2, y_2)$（如图 2），同学们知道关于 A、B 两点的坐标有什么结论吗？

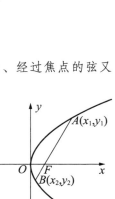

图 2

生： 有 $y_1 y_2 = -p^2$，$x_1 x_2 = \dfrac{p^2}{4}$。

师： 这两个结论是怎样得到的？得到了这两个积是定值后，你们有没有想过和又是怎样的呢？

生： 上述结论可由韦达定理得出。设 AB 的方程为 $x = my + \dfrac{p}{2}$，代入抛物线方程 $y^2 = 2px$，得 $y^2 - 2pmy - p^2 = 0$。所以，$y_1 y_2 = -p^2$，且 $y_1 + y_2 = 2pm$。

师： 很好！由此看出 y_1、y_2 的和不是定值，与 m 有关。其中 m 有什么意义吗？

生： m 是斜率的倒数，AB 的斜率显然不为零，若斜率不存在，则 $m=0$。

师： 那么 x_1、x_2 的和与 m 有关吗？

生： 有。由 AB 的方程得 $x_1 + x_2 = m(y_1 + y_2) + p = 2pm^2 + p = p(2m^2 + 1)$。

师： 到此，关于焦点弦两端点的坐标我们有四个重要结论，请回忆一下，是哪四个结论？

生： $x_1 x_2 = \dfrac{p^2}{4}$，$x_1 + x_2 = p(2m^2 + 1)$，$y_1 y_2 = -p^2$，$y_1 + y_2 = 2pm$。其中 m 为焦点弦的斜率的倒数。

师： 接下来再探究什么呢？

生： 长度，看看焦点弦长有怎样的公式。

师： 很好，大家想想，怎样来推导焦点弦长的公式呢？

生： 可用 $|AB| = \sqrt{1 + k^2}\,|x_1 - x_2|$，其中 k 为斜率，$|x_1 - x_2| = \sqrt{(x_1 + x_2)^2 - 4x_1 x_2}$。

师： 对。用这种方法也可求一般的弦长，对于抛物线的焦点弦而言，还有更好更快的方法吗？

生： 用焦半径公式，$|AB| = |AF| + |BF| = (x_1 + \dfrac{p}{2}) + (x_2 + \dfrac{p}{2}) = x_1 + x_2 + p$。

师： 这个公式用坐标很简洁地表达了焦点弦长，还能用其他的量来表达焦点弦长吗？

生： 还可用斜率表达，由 $x_1 + x_2 = p(2m^2 + 1) = p(\dfrac{2}{k^2} + 1)$，可得 $|AB| = p(\dfrac{2}{k^2} + 1) + p = 2p(\dfrac{1}{k^2} + 1)$。

师：若斜率不存在呢？

生：若斜率不存在，则 AB 垂直于 x 轴，$x_1 = x_2 = \dfrac{p}{2}$，故 $|AB| = x_1 + x_2 + P = 2P$。

师：好，再想想，焦点弦长还能用什么量表达吗？

生：还可用倾斜角 α 表达，因为 $k = \tan\alpha$，所以 $|AB| = 2p(\dfrac{1}{\tan^2\alpha} + 1) = \dfrac{2p}{\sin^2\alpha}$。

师：在斜率不存在时，这个公式怎么样？

生：在斜率不存在时，$\alpha = \dfrac{\pi}{2}$，$|AB| = 2p$，公式仍然成立。

师：对，请大家观察焦点弦长公式，看看焦点弦长有没有最值？

生：当 $\alpha = \dfrac{\pi}{2}$ 时，$|AB| = 2p$ 为最小值，没有最大值。

师：这表明，焦点弦中通径是最短的，长为 $2p$。至此，我们得到了焦点弦长的几个结论是——

生：$|AB| = x_1 + x_2 + p = 2p(\dfrac{1}{k^2} + 1) = \dfrac{2p}{\sin^2\alpha}$。

【教学评析】

龚老师在课堂教学中的启发引导，是很细腻、很自然流畅的，值得品味。

比如，在学习了焦点弦的概念之后，自然会联想到去研究焦点弦的性质。从何处入手呢？从已有的知识入手，于是设置了一个问题链：

问题 1：关于焦点弦 A、B 两点的坐标你已学习过哪些结论？

问题 2：$x_1x_2 = \dfrac{p^2}{4}$，$y_1y_2 = -p^2$ 均为定值，由此联想到 $x_1 + x_2$，$y_1 + y_2$ 又会有怎样的结论呢？也可能是定值吗？

问题 3：研究焦点弦 AB 的端点的坐标 $A(x_1,y_1)$，$B(x_2,y_2)$ 的性质后，我们接下来再研究什么呢？

问题 4：对于焦点弦长度已有的结论是什么呢？

这个问题链启发引导学生的探究思考有序有效地展开，又是"引而不牵"的。

（特级教师罗柳英）

龚浩生课堂教学艺术之二：启发思维的引导探究

我特别注重学生的合作交流、探究学习，在课堂教学中常常有意识地引导学生探究学习。以下是就一个三次函数问题引导学生探究学习的片段。

【课堂回放】

师： 前面我们学习了导数的概念及导数的几何意义，知道了求曲线的切线方程的方法。下面请大家探究一个有关曲线切线的问题：

问题1：已知函数 $f(x) = x^3 - 3x$，过点 $A(1, n)$ $(n \neq -2)$ 可作曲线 $y = f(x)$ 的 3 条切线，则 n 的范围是_____。

这是一道比较典型的问题，可以从代数、几何等不同的角度思考，有很好的思维训练价值，请大家尝试、探究，看谁解得快，解得好。

生： 设切点坐标为 (x_0, y_0)，$\because f'(x) = 3x^2 - 3$，$\therefore (x_0, y_0)$ 处的切线斜率为 $3x_0^2 - 3$，且 $3x_0^2 - 3 = \dfrac{y_0 - n}{x_0 - 1}$，把 $y_0 = x_0^3 - 3x_0$ 代入并整理，得 $2x_0^3 - 3x_0^2 + n + 3 = 0$。要使曲线 $y = f(x)$ 有 3 条切线，需要 $g(x) = 2x^3 - 3x^2 + n + 3$ 有 3 个零点。由 $g'(x) = 6x^2 - 6x = 0$，得 $x = 0$ 或 1。故要 $g(x) = 0$ 有 3 个根，则需 $g(0) \cdot g(1) < 0$，所以 $-3 < n < -2$。

师： 很好！正确运用代数法，计算准确无误。谁还有什么不同方法或意见吗？

生： 老师，我用几何法解题，画图发现，点 A 在曲线上方时只能作一条切线，所以，点 A 应在曲线的下方，故 $n < -2$。但是我没找到 $n > -3$ 的结论，不知怎样用几何法得出 $n > -3$。

师： 这个想法非常好！但是为什么点 A 在曲线上方时只能作一条切线呢？理解这一点，需要对三次函数的图象有很到位的认识，请同学们注意三次函数图象在上、下两个方向无限延伸时的形状（教师画出草图说明曲线的形状与变化趋势）。大家可以分小组探讨一下这个问题。

生： 如图3，过A作曲线的切线，当切点在直线$x=1$的左侧时，n越小切线的斜率越小，而$f'(x)=3x^2-3$的最小值是-3，所以切线的斜率最小为-3。而$k=-3$时，在直线$x=1$的左侧只有一个切点为$(0,0)$，从而左侧只有一条切线为$y=-3x$，这时$n=-3$，过点A的切线共只有两条。因此有三条切线时$-3<n<-2$。三条切线为AP_1、AP_2、AP_3。

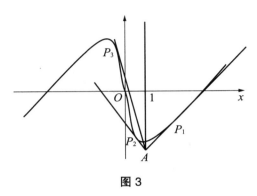

图3

师： 谁有什么疑问吗？对切线AP_2、AP_3的变化情况都能理解？如图3，随着点A在直线$x=1$上往下移，切线AP_2、AP_3的切点P_2、P_3都向原点O移动，当点A移到$(1,-3)$时，P_2、P_3与原点O重合，切线AP_2、AP_3重合为一条切线。这位同学代表小组的讲解非常好，对图象的理解、观察都很到位，推理说明也较为严密。

生： 刚才的研究对一般情形也适用吗？

师： 这个问题提得很好！这种从特殊到一般的探究意识值得我们好好学习！好，现在就请大家考虑，我们可以进一步探究怎样的一般情形呢？

生： 刚才的问题中，点A是在直线$x=1$上，去掉这一条件，即变为$A(m,n)$，就是更一般的情形，我们可以探究的更一般的问题是问题2。

问题2：已知函数$f(x)=x^3-3x$，过点$A(m,n)$作曲线$C：y=f(x)$的切线，则A分别在何区域时有3条切线、2条切线、1条切线？

师： 好！那就还请大家分小组探究这个问题。

师： 大家是否注意到在前面的探究中，有两条切线AP_2、AP_3，它们是怎样重合为一条切线的，这条切线$l：y=-3x$是否对划分区域有用？

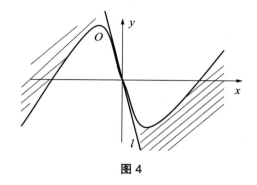

图 4

（在老师的点拨下，经过小组合作交流讨论，有些学生得出了结论。）

生：我们探究得出的结论是：

（1）有 3 条切线时，点 A 所在区域为图 4 阴影部分（不含边界直线和曲线）；

（2）有 2 条切线时，点 A 所在区域为直线 l 与曲线 C（除原点 O）；

（3）有 1 条切线时，点 A 所在区域为其他空白部分及原点 O。

师：很好！但我看到大家探究的过程是通过画图，借助直观或者思想实验进行归纳得出的，需要指出的是这样的探究不是严格的推理论证，但这种探究方法也是非常重要的，是发现、创新的一个重要途径。以上结论的严格推导可能会较为复杂，有兴趣的同学可以在课外再作考虑。

【教学反思】

1. 探究式学习是有效提升学生思维能力的途径。

通过引导学生的探究学习，学生的思维参与程度更高了，问题意识也更强了，课堂学习、探究的热情越来越高，这在本课中有较好的体现：学生不是等待老师讲、被动地听，而是能够积极地想，也不再满足于一种解法，能够积极探究不同的解法、更好的解法，并且积极交流，相互激励、启发；同时学生在探究学习中，还能积极提出新的问题，如"怎样用几何法得出 $n > -3$"，甚至还有学生能够由特殊到一般思考问题，把问题进一步推广而考虑到更一般的情形。这就充分表明，通过探究学习，学生的思维得以充分展开，从而使数学思维得到有效的训练，可见探究式学习是一条有效提升学生思维能力的途径。

2. 适当引导、启发，让探究更有效、思维更灵活。

如何使学生的探究学习有效地展开？首先要选择适宜探究的内容让学生探究，因为不是所有的学习内容都适宜探究的；其次教师要根据学生探究学习的情况进行适当的启发引导，因为进行探究学习还需要学生具有相应的探究心向与能力基础，以及课堂的探究氛围，而且完全的学生自主探究也容易出现偏差或遇到克服不了的障碍、过不去的坎，以至于比较费时而影响效率。（龚浩生）

课 堂

龚浩生课堂教学艺术之三：突出思维方式训练的课堂设计

《综合法和分析法》一课的教学设计，主要特色是突出思维方式的训练，教学生如何思维。

一、创设情境，引入新课

师： 合情推理分归纳推理和类比推理，其结论的正确性是要证明的。观察、思考下列证明过程各有什么特点，它们又是以怎样的形式使结论获证的。

引例 1：已知 $a, b > 0$，求证 $a(b^2 + c^2) + b(c^2 + a^2) \geqslant 4abc$。

证明：$\because b^2 + c^2 \geqslant 2bc, a > 0$，$\therefore a(b^2 + c^2) \geqslant 2abc$，同理 $b(c^2 + a^2) \geqslant 2abc$。

$\therefore a(b^2 + c^2) + b(c^2 + a^2) \geqslant 4abc$。

引例 2：已知 $a, b \in \mathbf{R}^+$，求证：$\dfrac{a + b}{2} \geqslant \sqrt{ab}$。

证明：要证 $\dfrac{a + b}{2} \geqslant \sqrt{ab}$，只需证 $a + b \geqslant 2\sqrt{ab}$，只需证 $a + b - 2\sqrt{ab} \geqslant 0$，只需证 $(\sqrt{a} - \sqrt{b})^2 \geqslant 0$，因为 $(\sqrt{a} - \sqrt{b})^2 \geqslant 0$ 显然成立，所以原不等式成立。

引例 3：已知 $a + b + c > 0, ab + bc + ca > 0, abc > 0$。求证：$a, b, c > 0$。

证明：设 $a < 0$，$\because abc > 0$，$\therefore bc < 0$。又由 $a + b + c > 0$，则 $b + c > -a > 0$，$\therefore ab + bc + ca = a(b + c) + bc < 0$，与题设矛盾。又若 $a = 0$，则与 $abc > 0$ 矛盾，$\therefore$ 必有 $a > 0$。同理可证：$b > 0, c > 0$。

设计意图：通过三种证明方法案例的展示，引导学生观察、比较、辨析、思考三种证明方法的形式、特点，为归纳、抽象、概括三种证明方法提供感性认识，也为理解不同证明方法的表述形式打下基础。

对三个引例，引导学生分两个层次比较、归纳。第一个层次的比较，是否直接针对结论进行证明？得出直接证明与间接证明。第二个层次的比较是引例1、2之间证明的起点及逻辑推理形式，由此可引导学生归纳、概括出本课重点学习的两种方法：综合法与分析法。

二、概括定义，明确方法

1. 综合法。

问题1：由引例1的证明过程特点，你能概括出综合法的定义吗？

设计意图：引导学生由特殊到一般，把握综合法的实质，抽象、概括综合法的定义。一方面，锻炼学生抽象概括的能力；另一方面，使学生更好地理解综合法的实质，了解知识的形成过程。

问题2：你现在知道什么是综合法了，想一想，你是否早就在用这种方法？请结合引例1回想一下，你用综合法证明数学结论时，是怎样进行思维的？或者说这种方法的思维特点是怎样的？你能否利用符号、框图表示出综合法的思维特点？

设计意图：逐步引导学生明确综合法的思维特点、思维过程以及书写规范。

2. 分析法。

问题3：由引例2的证明过程特点，你能概括出分析法的定义吗？

设计意图：引导学生由特殊到一般，把握分析法的实质，抽象、概括分析法的定义。既锻炼学生抽象概括的能力，又使学生更好地理解分析法的实质，认识知识的形成过程。

问题4：根据分析法的定义结合引例2，想想你用分析法证明一个数学命题时，怎么想，怎么写？能否用符号与框图表示出分析法的思维步骤？

设计意图：引导学生明确分析法的思维特点、思维过程，理解分析法的书写规范要求。

三、巩固运用，领会方法

例1：在 $\triangle ABC$ 中，三个内角 $\angle A$、$\angle B$、$\angle C$ 的对边分别为 a、b、c，且 $\angle A$、$\angle B$、$\angle C$ 成等差数列，a、b、c 成等比数列，求证 $\triangle ABC$ 为等边三角形。

提示：首先，读题时要明确，这是一个什么问题？条件是什么？结论要干什么？其次，考虑解法，用综合法怎么想？用分析法又怎么想？用哪种方法更适合？

设计意图：例1更容易从条件出发进行推理，主要训练学生的综合法思维方式及书写规范。用元认知提示语引导学生读题，再逐步引导学生运用综合法、分析法作初步的思考，有意识地比较辨析两种思考方法，进而选择恰当方法解题。

例2：求证：$\sqrt{3} + \sqrt{7} < 2\sqrt{5}$。

提示：这个问题中的条件是什么？结论是什么？怎么想？用什么方法思考？

设计意图：这个问题条件和结论就在一个式子中，让学生体验用综合法思考不易看出起点，用分析法思考更易探求；用元认知提示语逐步引导学生用分析法寻求证明，以此题训练学生的分析性思维及分析法的书写表达规范。

思考1：从例1、例2来看，综合法与分析法的思维特点有什么区别与联系？证明过程的书写表达有什么区别和联系？怎样评价这两种方法？

思考2：怎样发挥综合法与分析法的优势互补，灵活运用它们寻求解题思路、准确解决问题呢？

【教学反思】

本课主要对综合法、分析法的思维方式进行提炼与训练，有以下主要特点：

1. 整体把握教学内容，突出知识结构，优化学生思维。

为了让学生对数学证明形成整体认识，首先给出三个具体的证明实例，通过对三个实例的感知分析比较，就可对本单元的数学证明方法有初步的了解与认识，有利于形成整体结构，也有利于优化学生的思维方式。

2. 以问题启发引导学生的思维，促进学生的思维参与。

精心设计适当的问题，以问题驱动学习。适当的、好的问题可以调整学生的思维角度、观察角度，可以激发学生的思维兴趣、欲望，可以启发学生理解知识、走出困惑，可以引导学生的知识生成。如本课给出三个引例后就要通过问题引导学生从什么角度去观察、思考实例，如果问题表述不恰当，学生也可能不明白观察、思考的方向，这样就可能达不到教学设计的意图。（龚浩生）

观 点

我之"三观"

一、我的学习观

回顾我的专业成长之路，让我能走到今天的一个重要信念就是勤学。我认为，阅读专业期刊对教师的专业成长有很大帮助。从期刊中可以掌握最新的教育教学动态，可以学习他人的教育教学经验和学科名师、名家的教学思想、教学理论，还可以激发自己的思考与反思。当然，我认为学习应不只限于书本，更重要的学习是实践，对实践的反思、与同行的日常交流探讨、备课组活动都是重要的学习方式。

二、我的职业观

我认为，做一个好老师除了要具备一定的专业素养，更要有敬业精神。从分析、钻研教材，到分析、研究学生，再到写教案、讲课、检查批改作业、辅导学生，这一系列的环节，没有一定的敬业精神是不可能做好的，而且，教师的职业态度本身就是对学生的一种无形的教育力量。

就我个人而言，我常以"学而不厌，诲人不倦"来要求自己，就算不能真正达到这种境界，我也会不断地努力争取接近这一境界。

三、我的教研观

就我而言，我的专业成长主要是由教研促进的。我认为，立足于实践进行实实在在的课题研究，教师的专业发展提升会更快。担任数学教研组长促使我看书、学习、思考问题；写教研论文进一步促使我学习、研究、实践、反思。我在前期的初中教学中，进行过学法指导的研究与实践。在任教高中后，我从参加课题研究，到主持课题研究，取得了一些研究成果，在这个过程中我成长得很快。（龚浩生）

自白

龚浩生自画像

自我评价： 个性特点为随和、低调，友善、真诚。工作作风为做事细致、认真、严谨。生活态度为简单平静过日子，心态平和看名利。

对自己影响最大的两句话： 诚心诚意待人，尽心尽力做事。

哪里有天才，我是把别人喝咖啡的工夫都用在工作上的。（鲁迅）

对自己影响最大的四本书：《教育的理想与信念》《教育的智慧——写给中小学教师》《学习与发展》《中学数学教学概论》。

最崇拜的三位教育家： 苏霍姆林斯基、陶行知、蔡元培。

对自己启发最大的教育名言： 千教万教，教人求真；千学万学，学做真人。

教育教学观： 数学是思维的科学，是人类的思维体操，数学教学是数学思维活动的教学；数学教育要着眼于学生思维能力的发展，着眼于学生理性精神的培育。

心目中的好老师： 为人正直，喜欢学生、理解学生；敢于坚守教育理念，理解教学，不失激情、风趣、幽默。

心目中的好学生： 不纠结于分数，有健康乐观的心态，有良好的行为习惯，好学会学，求真求实。

心目中的好学校： 有一个具备人文关怀，人格高尚，具有先进的办学思想理念的好校长；有浓厚的学术氛围与教研风气，有良好的教风、学风，人际关系轻松、和谐、平等、友爱；有优美的环境、漂亮的校园、宽广的活动空间。

怎样战胜挫折和困难： 不断自我反思、学习、改进，调整工作心态。

取得成绩的经验： 不断学习、反思、总结、研究。关键是能耐得住寂寞，静得下心去做好每一件事。

业余爱好： 买书、看书，看历史剧、间谍片等，也会上网，有时去散散步。

最想对教师说的话： 在成就学生的同时成就自我、完善自我。

3. 张香平：三"心"老师课堂有三"美"

她逐渐形成"创设动态语言环境，培养学生思维能力"的教学特色，她的课堂能够体现实、活、美、趣、新、效；在课堂中，她注重挖掘教材内涵，培养学生的情感态度价值观，所上的课多次获得市区级一等奖；她有多篇论文获得国家级、市区级奖项；她带领多名青年教师共同成长，是北京市农村骨干教师研修工程优秀指导教师。她就是北京市陈经纶中学初中英语教师，北京市骨干教师，朝阳区英语学科带头人。

印 象

三"心"张香平

别看张香平身材娇小，但无论是什么样的班级，她总能掌控自如。她的每一节课都能自然地找到一个切入点，使学生在英语活动中做到"人人参与，个个动脑"，真正感受到学习英语的乐趣。

每次听她的课，给大家印象最深的都是她行云流水般的课堂以及学生入神的状态。无论是一首歌曲、一个谜语、几个问题，还是一次课堂小讨论、一段小视频、一个小故事，都会成为她切入主题的素材。记得她在讲一篇有关濒危动物的阅读文章时，一节课中分别在引入、读后以及情感的升华三个地方引用了小视频，以激发学生的阅读欲望，引导学生主动探究，培养学生的责任感。学生在这种真实语境下，仿佛身临其境，自然地运用所学语言。即使是听课教师都禁不住跟随着她的节奏去思考，去感悟，完全忘记了自己是在听课。这种阅读课的大胆创新，这种课堂上调动学生情感的真实交流，这种收放自如，并不是每个教师都能够做到的。

张香平在日常工作中为人谦和，虚心上进。她的课香气袭人，她的内心却平静如水。当你遇到困难时，会得到她润物细无声的帮助，正如她的课一样，张香平永远是那么真实又那么独特。

这就是张香平，一个集灵气、朝气、生气于一身的教师。和她一起共事，你会舒心；工作交给她，你会放心；学生交给她，你会省心。（红袖子）

张香平课堂教学艺术之一：让教学"趣"起来

没有欢欣鼓舞的心情，没有学习的兴趣，学习就成了负担。所以在教学中，我善于激活学生知识网络中的背景能力以及对本节课话题的兴趣，使他们产生学习的欲望，这样才能最大限度地调动他们的思维，让教学变得更有趣。

在讲外研版八年级下 Module 6 Unit 2 时，课始，为了让学生对大熊猫的生存现状有一个更直观的印象，并且激发他们的求知欲，我首先让学生观看一个有关大熊猫生活在保护区的视频，并且用问题一步步激起学生阅读的兴趣。下面就是课堂的一个小片段。

【课堂回放】

师：What do you know from the video?

生：The pandas live happily.

师：Why do you think they are happy?

生：They can go here and there and they are free.

生：The mother and baby pandas play together. I also know that the pandas live in the nature parks.

师：Excellent.I think you observe very carefully. What else do you know?

生：The workers in the nature parks look after the pandas very well.

师：Yes，I agree with you. But what do you know about pandas?

生：Pandas like eating bamboo.

师：Good. I know a lot from you. Thank you very much. Who wants to tell us more about the pandas?

生：Pandas live in the nature reserves and parks.

师：Good, you have done a good job. Do you want to know more about pandas? Please work in groups. Let's have a match: try to ask questions as many as you can.

组1：How many pandas are there in the world？ And why are they the symbol of China？

组2：Why are they in danger？ What can people do in order to protect them？

组3：Do they have many baby pandas？ How do they feed their babies？

组4：Do Pandas have enough bamboo to eat？ If they don't have enough bamboo to eat, what should we do？

组5：Do they eat other food except bamboo？ Where do they like living？

师：You have so many questions, but I can't answer all of your questions. Do you want to find out the answers by yourselves？ OK, Today we will read a passage：Module 6 *Animals in danger* Unit 2. The WWF is working hard to save them all.

【教学反思】

视频的引入，使学生对熊猫的生活产生了极大的兴趣，接下来几个问题的引入，激活了学生已有的知识背景，激发了学生的探究兴趣，为后面的阅读作了铺垫。通过让学生提问这个环节，可以培养他们独立提出问题的能力。通过这一系列的引导和活动，学生对阅读充满了期待，激发了他们阅读的兴趣，同时培养了他们的想象思维能力。（张香平）

张香平课堂教学艺术之二：让学生"动"起来

语言的学习是一个"在用中学、在学中用、为用而学"的过程。只有当学生接触到了与实际生活联系紧密的语言，他们才会有更强的学习动机。下面是 Module 6 Unit 2 活动的一个小片段。

【课堂回放】

（在引导学生对写作手法进行评价后，播放一段阻止人们依靠杀戮野生动物来赚钱的宣传片，激发学生保护动物的欲望。）

师：OK，now we know that because of being killed, pandas are in danger now. What other reasons do you know?

生：Because they don't have enough food to eat.

师：But why don't they have enough food to eat now?

生：Because people destroyed bamboo and built a lot of tall buildings to live in.

师：Maybe you are right. What about other reasons?

生：Because people pollute the environment, so they don't have enough clean water to drink.

师：Maybe it's another reason why pandas are in danger. Who has other opinions?

生：People cut down the trees, so they don't have many places to live in.

生：Because of the disaster, they die.

师：Yes, there are so many reasons. But what should we do to protect the animals in danger?

（这个问题使学生从文本回归生活，更具有现实意义。他们的思维也更活跃了，提出了很多的方法。）

生：We can tell the people around us to protect the animals.

生：In order to protect the animals, I think we should protect the environment.

生：We mustn't kill the animals for money. And we also need to tell the people around us to stop eating their meat.

师：I'm very proud that you have such an idea. I will do that in the future. Who has another good idea?

生：I think it's our duty to plant more trees, so the animals will have enough places to live in.

师：Right, it's also good for ourselves. Do you think so？ What about other ideas?

生：We can advise the government to build more nature reserves to save the animals in danger.

……

（在互动的讨论交流过程中，学生生成了很多新的想法。这个问题的深入探讨也具有现实意义，增强了学生保护动物的意识。）

（通过以上交流，学生头脑中已经有了很深入的思考，最后教师设计了如下输出任务。）

师：The Wildlife Club will organize some activities to call on people to protect animals in danger. Please make a poster in groups and introduce one of the animals in danger .

【教学反思】

在共同完成活动的过程中，学生分工明确，小组中的每个人都发挥了自己的作用，积极主动地通过谈论另外一种动物，实现了知识的迁移。此次活动发挥了学生的想象力，培养了他们的发散思维以及团队合作精神。

所以在教学中，教师不应该采取满堂灌的教学模式，而应从学生的生活实际出发，创设互动的、蕴含探索空间的多种活动，引导学生沿着不同的方向积极思考，从多个角度寻找尽可能多的答案。这样就可以给学生提供一个发现、交流和体验的学习平台。但是教师在设计活动时要注意，既要基于文章内容，以学生生活经验和兴趣为出发点，提供真实的情景，创设贴近现实生活的任务，让学生有源可思，有话可说，有题可作，又要给学生留出发挥的余地。（张香平）

张香平课堂教学艺术之三：让思维"活"起来

有一次我让学生研讨完形填空，这篇文章讲述了一个孤儿被一个家庭收养后送到学校，因为他长得比同龄孩子瘦小，因此其他同学都看不起他。老师想帮助他，但是又想不留痕迹。一天，老师发现他笔记本上的画画得很好。有一次学校搞活动需要很多海报，老师就都交给他去画。活动那天，学校到处都张贴了他画的海报。校长在全体学生大会上感谢了他，并且给他颁发了奖项。那个孩子大声地说"thank you"。文章到这里就设了一道题：I realized，at that time when I was looking at his _____ face，he'd probably never owned anything in his whole life. 这个空应该填 excited，而在学生小组探讨时，我听到一个学生的观点与众不同，他填的是 small。我想借助他的观点来引导学生进行思维的拓展，以便突破做完形填空的瓶颈。因此就出现了下面的课堂片段：

【课堂回放】

生：I think we should choose "small" here. Because at the first paragraph，it says "he looks smaller than other students".

师：It's different. Maybe it is reasonable. Do you agree with him?

生：I don't agree with his idea.

师：Can you tell us your reason?

生：If he chooses "small"，it just tells us his appearance. But have you heard that *Da Tou Er Zi Xiao Tou Ba Ba*. It means the small man has a small face，it's not right.

师：Maybe you are right. But when we read a cloze，what must we grasp?

生：The feeling of the character's.

师：Quite good. Now can you think it hard and tell me the reason?

生：We should pay attention to the boy's feeling. He was very happy at that time, because he will show his happiness on his face. We can't just focus on his appearance. It can't show his feeling. So I think we should use the word "excited".

师：Perfect. When we do the cloze, we must grasp the feeling and analyze the meaning of the sentences.

【教学反思】

通过引导学生争论，使学生明白了做完形填空的关键是要抓情感，结合上下文的句意进行分析综合，最终选出正确答案，教学效果特别好。因为这个分析的亮点就是能够抓住学生的生成，引导学生的思维向宽、广和深的方向发展。课堂教学的艺术化和艺术化的课堂教学都要求教师善于捕捉课堂教学中的"光点"，甚至是一个意想不到的"黑点"，巧妙地调控学情，幽默含蓄地扭转尴尬局面，进行再设计，我们的课堂就会爆出一个又一个的"亮点"，从而生成一堂充满智慧和生机的精彩课堂。所以在课堂教学中，教师只有紧紧围绕培养和提高学生思维能力这个核心，不断拓展学生的思维空间，增强学生的参与意识，充分调动学生的积极性、主动性和创造性，充分发挥教师的主导作用、学生的主体作用、教材的主源作用、旧知识的迁移作用、学生之间的相互作用、师生之间的情意互动作用，才能使学生的思维更活跃，课堂效果更好。（张香平）

动态语言环境下的思维能力培养

对于英语教学而言，趣能增加学生的参与度，在动态的语言环境下实现从语言输入到语言输出的转化，最终达到熟练运用所学语言的目的。

一、深入研究学生，找准创设动态语言环境的切入点

一位语言教学工作者能否在课堂教学中利用一切手段来创造一个动态的语言习得环境，是影响其教学成败的重要因素。这就需要教师在教学中通过一系列的多边活动来为教材中的静态知识创造出一种动态语言环境，尽可能把每个教学环节动态化，提高学生学习的积极性和主动性，并促使他们参与到语言交流中，在动态的交流中达到教学目的，提高学生的表达能力，培养他们的思维能力。

"尽可能把每个教学环节动态化"，强调教师在课堂上通过设计多元化的活动和任务，利用不同的教学媒体，创设动态的语言教学环境，激发学生的兴趣。

学生原有的知识有哪些，教师必须做到心中有数。在教学中，教师要注重以下两方面的研究，并以此为根据找准切入点，设计教学活动，让每一个学生都能积极参与到学习中来，真正做到使课堂动起来，学生的思维活起来。

（一）研究学生的认知水平和身心特点

教学必须尊重学生的认知水平和身心发展规律，考虑不同年龄学生的学习需要和学习特征，有的放矢地进行教学。比如，初一学生的无意识记常常表现得很明显，又根据他们活泼好动、好奇心强等特点，教师可以将游戏、歌曲、猜谜、竞赛、角色扮演等作为创设动态语言活动的切入点。只有找准了教学的切入点，才能提高课堂教学效率。

（二）研究学生的个体差异

在教学中，教师要注重设计不同层次的问题以及课堂活动，最大限度地调动

学生的学习积极性，使不同层次的学生都得到相应提高。只有考虑到不同层次学生的需求，才可以准确地找到课堂活动的切入点，使不同程度的学生在课堂中都处于积极思维的状态，这样才能实现高效课堂。

二、灵活整合教材，抓住创设动态语言环境的契机

无论哪本教材都会有它的优缺点。因此在教学中，教师要结合实际教学需要，创造性地使用教材，合理利用各种教学资源，提高学生的学习效率。为了增强教与学的互动，最大限度地发挥学生的自主性和创造性，教师在教学中一方面要尽力做到充分整合教材，打破其原有格局，使之适应学生的实际需求；另一方面，又要兼顾单元的整体性。通过在不同课型的课堂中进行分层渗透，突出重点，使学生学有所得。

（一）不同单元，调整顺序，整合话题

教材是教学内容的载体，而不是目标，因此教师要学会结合自己学生的特点和需求。根据教学目标和新课标的精神，可以按照话题重新设计教学单元。即把相同或者类似话题单元整合在一起，综合学习话题的核心词汇，谈论该话题的语篇框架、语言结构等。有时还可以打破同册教材内容之间的界限，甚至不同教材的界限，从而使所教内容更加系统、合理。如果教师能把相同的话题放在一起进行教学，话题内容就会更加丰富，学生活动的设计就会更加灵活多样，就能抓住创设动态语言环境的契机，这样更加有利于学生的学习。

（二）同一单元，整体设计，分层渗透

对于同一个单元的教学内容，为了让学生能够学以致用，教师可以打破每一课的界限，从输入到输出进行单元的整体设计，分层渗透。首先教师要分析单元的话题内容，看看该话题需要学生掌握哪些内容，要培养学生的哪些能力，最终的教学目标是什么，如果要达到这样的目标应如何对教材内容进行合理的调整、删改、补充等等。其次要紧紧围绕话题内容，根据学生的认知能力设计出本单元要输出的最终任务，然后把完成任务需要的各个知识点和能力分散到单元中的每一课当中去学习及训练，这样就可以把一些零散的教学内容整体化，相关话题的内容系统化，使整个教学过程和教学内容相互联系、相互依托、环环相扣，从而

提高学生的表达能力，增强他们的学科思维能力。

三、培养学生思维能力，准确把握创设动态语言环境的目标

（一）借助轻松氛围创设动态语言环境，激活思维

在英语教学过程中，教师要注重为学生创设宽松、和谐的课堂氛围。比如说可以通过多媒体、创设学习情境等来创设氛围，注重教学情趣化。这样做一方面可以让师生在课堂中进行平等的对话交流，融洽师生关系；另一方面留给学生充足的思维时间和空间。在宽松和谐的课堂教学气氛中，生生之间、师生之间才会建立一种民主平等的关系，教学过程才会形成一种动态的多向交流的过程。

（二）借助活动载体创设动态语言环境，引领思维

现代教育理念认为，教学从本质上说是一种合作与引导的活动，是师生共同创造的过程，是教学活动的核心环节。合作与引导活动包括学生与学生的沟通，教师与学生的沟通，群体与群体的沟通，群体与个体的沟通，以及在沟通过程中一方对另一方的引导与启发。所以在教学中，教师要从学生的生活实际出发，创设互动的、与学生现实接近的各种活动，提高学生动脑、动口、动手能力，让课堂真正动起来，引领学生的思维，使学生学以致用的同时，形成英语的学科思维。

（三）借助主动探究，创设动态语言环境，发散思维

日常教学中，教师要注重对学生学习方法的指导，引导学生主动积极地研究探讨，而不是被老师牵着走。比如，每个模块的语法学习，教师可通过设置不同梯度的问题，引领学生去观察和探讨，通过自学和小组合作学习得出结论。学生在小组内探讨，不但彼此交换了思想观点，而且在倾听、争论中发散了思维。

另外，教师要鼓励学生质疑，无论是对课本内容还是对老师。每节课中教师都要给学生留出提出问题的机会和时间。每当学生对某一问题提出疑议时，教师要学会大加赞赏，这样做的目的是让更多的学生加入到敢问问题、爱问问题的行列中来。教师注重引导学生质疑对于发散学生的思维有积极的促进作用。

总之，在教学中教师要结合教学内容和学生的特点，尽量创设动态的语言环境，使学生通过多层次的互动，提高英语应用能力，同时培养他们的思维能力。

（张香平）

自 白

张香平自画像

自我评价： 活泼开朗、为人谦和、严谨创新、追求完美、乐观向上。

人生格言： 踏踏实实做人，认认真真做事。

对自己影响最大的一句话： 非淡泊无以明志，非宁静无以致远。

对自己影响最大的书：《给教师的一百条建议》《叶圣陶教育文集》《教育基本问题专论》。

教育教学观： 时刻关注每个学生的成长。

心目中的好学生： 应该是真实、有毅力、有追求的孩子，他们不仅会"认认真真地学"，也会"痛痛快快地玩"。

心目中的好老师： 不但要有渊博的知识，而且要有乐于奉献的精神；不但要成为学生的良师，而且要成为学生的益友，成为他们人生的引路人。

心目中的好学校： 应该有良好的校风，注重素质教育，师生关系和谐，是一个适合师生快乐发展的大家庭。

处理师生关系： 教师要平等地关爱每一个学生，做他们的知心大朋友。要学会用放大镜去寻找学生身上的闪光点，并且真诚地予以表扬。当学生犯错误时，要给他们改正的机会。

怎样战胜挫折和困难： 要有坚定的信心和顽强的毅力，及时行动。

取得成绩的经验： 善于学习，认真对待每一件小事，力争做到完美。

工作与学习的关系： 在工作中要不断地学习，工作之余我喜欢读书、听音乐和旅游，这样可以让自己的生活丰富多彩，同时更好地充实自己。

3. 张留杰：几何达人，把课堂真正交给学生

他注重启发引导、自主探究的数学教学方式；他把课堂真正交给学生，课堂上充满思辨和争论的气氛；他擅长初、高中数学试题研究，对典型的中高考题、高考模拟题有自己独到的见解；他在国家级核心期刊《数学通报》《高中数理化》等发表论文40余篇。他就是张留杰，北京市陈经纶中学数学教师，中学数学高级教师，北京市市级骨干教师。

印 象

几何达人张留杰

很早就在《数学通报》等数学期刊上见过"张留杰"这个名字，常和一些几何问题联系在一起。原本我们相距几千里且并不相识，想不到 2012 年 8 月起，我们竟在同一间办公室相邻而坐了，让我很惊讶！缘分就是这样奇妙！

留杰对平面几何、解析几何情有独钟，造诣颇深，运用娴熟的电脑技术制作动态几何图形，探究出奇妙的结论，再进行严谨的论证可算是他的长项。

他喜欢研究试题，并把研究延伸到课堂教学中。他在课堂上重视学生的说题学习，注重启发、引导学生先说对问题的理解及解决问题的想法、思路，再让学生动手解答，通过说题训练促进了学生的自主学习，对学生学会合作、探究等学习方式也有积极的影响。

作为直升班的班主任，着眼于学生的长远利益、全面发展，常见他有计划、有条理、有声有色地开展班级教育活动，精心构建和谐、上进的班级文化，营造自主、合作的浓厚学习氛围。

生活中的他很有爱心，待人真诚、情感细腻，富有生活情趣。（龚浩生）

課 堂

张留杰课堂教学艺术之一：自然习得新知

在讲《异面直线》时，从学生最近的知识发展区入手，通过一系列问题，使学生轻松掌握了异面直线的有关知识和解决问题的基本方法。以下是课堂上的师生互动实录。

【课堂回放】

师：请同学们思考：在空间里，两条直线可有哪些不同的位置关系？

生：平行、相交、既不平行也不相交三种位置关系。（如图1—3）

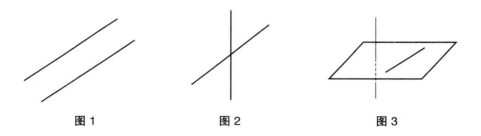

图1   图2   图3

师：很好！但是第三种位置关系是借用前两种来描述的，是否有点儿不妥？为了便于在空间中研究这种位置关系，能否给这种位置关系独立命名呢？

生：前两种位置关系在平面内曾经学习过，第三种位置关系体现的是两条直线不共面的情况。

师：我们给这种位置关系起个什么名字呢？

生：异面直线！

师：很好！那如何给异面直线下个定义呢？

生：在同一平面内既不相交也不平行的两条直线叫异面直线。

师：看来离不开"平行"和"相交"了啊！我们可以把"不相交也不平行"

当作异面直线的性质，定义就应该从"异面"二字上做点文章啊！

生：不共面的两条直线叫异面直线。

师：好！假如直线 l_1 在平面 α 内，直线 l_2 在平面 β 内，可以说是不共面吧？那么直线 l_1 和 l_2 一定异面吗？

生：（感到有道理）那就再添加条件"没有平面经过这两条直线"。

师：那我们可以这样说：不同在任何一个平面内的两条直线，互为异面直线。于是得出异面直线的定义。

（教师板书课题及异面直线的定义。）

师：如果直线 l 与直线 a、b、c 等都异面，如何区分直线 a、b、c 呢？能否从"数量"角度刻画"直线 l 与 a""直线 l 与 b""直线 l 与 c"的不同呢？

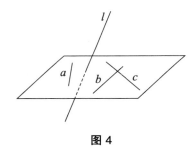

图4

（请同学们先独立思考，再讨论交流，教师随时参与某个小组的讨论。讨论后请部分同学谈谈自己的想法。）

生：我们组感觉应该用"距离"来刻画一下两条异面直线之间的远近。

生：我们组发现一条直线不动，另一条旋转且保持异面时，应该有体现交错程度的"角度"。

生：我们组发现直线 l 与平面的倾斜程度，影响着直线 l 与 a、b、c 的异面情况。

（师认真听取了各组讨论的成果，最后提炼出三个新问题。）

师：如何用角刻画两条异面直线所成的角？如何定义两条异面直线间的距离？能否将空间的角和距离问题转化为平面的角和距离？

教师做如下实验：取出两支竹签，使得它们所在直线异面，然后一条不动，另一条旋转运动且和第一条始终保持异面，请同学们体会两条异面直线所成的角在哪里。

接下来，教师将异面直线中的一条逐渐远离另一条，来回移动，使同学们体会如何寻找异面直线间的距离。

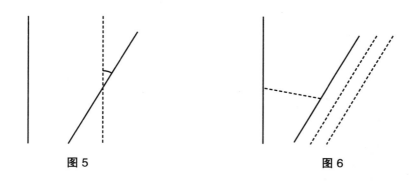

图 5   图 6

经过师生共同探究，最后比较自然地得出：

1. 过空间任意一点引两条直线分别平行于两条异面直线，它们所成的锐角（或直角）叫作异面直线所成的角。角的范围是 $\theta \in (0, \frac{\pi}{2}]$。

2. 和两条异面直线都垂直相交的直线叫作两条异面直线的公垂线；公垂线与两条直线相交的点之间的线段，叫作这两条异面直线的公垂线段；两条异面直线的公垂线段的长度，叫作这两条异面直线的距离。

【教学反思】

课堂从学生已有的知识架构入手，通过一系列有梯度的问题，时刻让学生的思维跟随着"教师的提问"保持活跃状态，最后得出新知，不仅显得自然，而且学生印象也十分深刻！作为概念课的新课，不能只让学生知道"是什么"，更重要的是知道"为什么"，连接这两者的桥梁就是学生已有的知识、思想和方法。另外，如何让每位同学都能跟着老师的思路去积极地思考问题，是每位教师应该深入思考的。（张留杰）

张留杰课堂教学艺术之二：引申拓展，提升思维

在高三复习《直线的方程》时，有这样一道典型问题：

直线 l 经过点 $P(3,2)$ 且与 x 轴正半轴和 y 轴正半轴分别交于 A、B 两点，当 $\triangle AOB$ 面积最小时求直线 l 的方程。

一、问题的解决

此题主要是考查直线方程的几种形式的应用和有关最小值问题，首先要考虑设直线方程的哪种形式，其次考虑如何求 $\triangle AOB$ 面积最小值。

分析：由直线与 x 轴正半轴和 y 轴正半轴分别相交，可设截距式方程，利用均值定理求 $\triangle AOB$ 面积最小值，从而求出截距 a、b 的值。

解：设直线 l 的方程为 $\dfrac{x}{a} + \dfrac{y}{b} = 1\,(a > 0, b > 0)$，

$\therefore A(a,0)$，$B(a,b)$，$S = \dfrac{1}{2}ab$。

$\because$ 直线过点 $P(3,2)$，$\therefore \dfrac{3}{a} + \dfrac{2}{b} = 1$，

$\therefore \dfrac{3}{a} + \dfrac{2}{b} \geq 2\sqrt{\dfrac{6}{ab}}$ 得 $ab \geq 24$，当且仅当 $\dfrac{3}{a} = \dfrac{2}{b} = \dfrac{1}{2}$ 即 $a = 6, b = 4$ 时取等号。

$\therefore \triangle AOB$ 面积最小值为 $S_{\min} = 12$，此时直线 l 的方程 $2x + 3y - 12 = 0$。

二、问题的引申及拓展

如果将题目中的点 P 推广到坐标平面内任意一点（不包含坐标轴上的点），可得以下结论。

结论1：过点 $P(m,n)$（$mn \neq 0$）作直线 l，直线 l 与点 P 所在象限的坐标轴围

成 $\triangle AOB$ ，则 $\triangle AOB$ 的面积有最小值 $S_{\min} = 2|mn|$ ，直线 l 的方程为 $\dfrac{x}{2m} + \dfrac{y}{2n} = 1$ ，此时点 P 为线段 AB 的中点。

简证：设直线 l 的方程为 $\dfrac{x}{a} + \dfrac{y}{b} = 1$ ，则 $A(a,0)$ ， $B(0,b)$ ，且 $\dfrac{m}{a} + \dfrac{n}{b} = 1$ ，

因为点 P 在线段 AB 上，所以 $\dfrac{m}{a} > 0$ ， $\dfrac{n}{b} > 0$ ，所以由均值定理可得 $\dfrac{m}{a} + \dfrac{n}{b} \geqslant$

$2\sqrt{\dfrac{mn}{ab}} = 2\sqrt{\dfrac{|mn|}{|ab|}}$ ，所以 $|ab| \geqslant 4|mn|$ ，所以 $S_{\triangle AOB} \geqslant 2|mn|$ 。

当且仅当 $\dfrac{m}{a} = \dfrac{n}{b} = \dfrac{1}{2}$ 即 $a = 2m$ ， $b = 2n$ 时取等号，

此时 $A(2m,0)$ ， $B(0,2n)$ 。

所以 $S_{\min} = 2|mn|$ ，直线 l 的方程为 $\dfrac{x}{2m} + \dfrac{y}{2n} = 1$ ，此时点 P 为线段 AB 的中点。

由于过点 $P(m,n)\,(mn \neq 0)$ 作直线 l 与两坐标轴相交共有三类情况，并且直线 l 与点 P 所在象限围成的三角形面积有最小值，当点 P 不在线段 AB 上时，对应的 $\triangle AOB$ 的面积可以取到任意正数，所以可以得出：

结论 2：过点 $P(m,n)\,(mn \neq 0)$ 作直线 l ，与 x 、 y 轴分别交于点 A 、 B ， $\triangle AOB$ 的面积为 S ，若 $S < 2|mn|$ ，则满足条件的直线 l 有两条；若 $S = 2|mn|$ ，则满足条件的直线 l 有三条；若 $S > 2|mn|$ ，则满足条件的直线 l 有四条。

能否将问题再进一步一般化呢？去掉平面直角坐标系这一特殊"面纱"，揭示问题的本质，还可以得到：

结论 3：若直线 l_1 与 l_2 交于点 C ，过点 $P(m,n)$ 作直线 l_3 交 l_1 、 l_2 于点 A 、 B ，且点 P 在线段 AB 上，则当且仅当点 P 是线段 AB 的中点时， $\triangle AOB$ 的面积最小。

证明：如图（图 7）所示，点 P 是边 AB 的中点，过点 P 作任意一条直线 m 交 l_1 、 l_2 于点 E 、 F ，只需证明 $\triangle EFC$ 的面积大于 $\triangle ABC$ 的面积即可。

过点 B 作 $BD /\!/ l_1$ ，交直线 m 于点 D ，因为 $BP = AP$ ，所以 $S_{\triangle APE} = S_{\triangle BPD}$ ，所以 $S_{\triangle EFC} = S_{\triangle ABC}$ ，根据直线 m 的任意性，可得当点 P 为 AB 边中点时， $\triangle ABC$ 的面积最小。

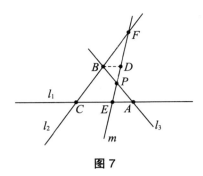

图7

三、问题的变式

为了更好地挖掘本题的功能，综合考查所学知识，还可以对试题进行改变，得出：

变式：直线 l 经过点 $P(3,2)$ 且与 x 轴正半轴和 y 轴正半轴分别交于 A、B 两点，

（1）求 $|OA|+|OB|$ 的最小值及相应的直线 l 的方程；

（2）求 $|AB|$ 的最小值及相应的直线 l 的方程；

（3）求 $\triangle AOB$ 的周长最小值及相应的直线 l 的方程；

（4）求 $\overrightarrow{AP}\cdot\overrightarrow{PB}$ 的最小值及相应的直线 l 的方程。

高考复习课中，从一道典型问题入手，让学生体验解题过程，感受成功的喜悦，教师再提出具有挑战性和一般性的问题模式。这不仅能发散和活跃学生思维，促进其能力提升，还能大大提高复习课效率。得出三个结论之后，对问题进行了变式拓展，丰富了课堂的内涵和容量，达到了"举一反三、融会贯通"的复习目标。

（张留杰）

张留杰课堂教学艺术之三：充满挑战的解题分析

在讲《均值不等式的应用》时，结合一道学生易错的试题，进行了一题多解的分析和引导，让学生多角度思考解决问题的办法，达到了事半功倍的效果。

【课堂回放】

试题：设 $x > 0, y > 0$，且 $\dfrac{1}{x} + \dfrac{9}{x} = 1$，求 $x + y$ 的最小值。

师：请大家认真思考，一会儿请同学分析自己的解法。

生：（板书展示）$\because x > 0, y > 0$，$\therefore 1 = \dfrac{1}{x} + \dfrac{9}{y} \geqslant 2\sqrt{\dfrac{9}{xy}}$，

$\therefore xy \geqslant 36$，$\therefore x + y \geqslant 2\sqrt{xy} \geqslant 2\sqrt{36} = 12$，

$\therefore x + y$ 的最小值为 12。

师：谁的答案与他的一样，请举手。

（班内有一半同学举手。）

师：谁对解题过程有所补充？或者有不同见解？

生：我认为应该补充"当且仅当 $x=y$ 时等号成立"。

师：很好！此过程中运用了几次均值定理？分别怎样补充等号成立的条件？

（学生们一下子安静了下来，都若有所思的样子。）

生：该过程运用了两次均值定理，第一次等号成立的条件是"当且仅当 $y=9x$ 时"，第二次等号成立的条件是"当且仅当 $y=x$ 时"，所以我感觉答案不对，但也不知道该怎么办。

师：他发现了问题，就是两次等号不可能同时成立，所以最小值肯定不是12！那我们该如何回避这个问题呢？请大家继续思考，然后小组交流讨论。

（各小组经过近20分钟的探究和思维碰撞。）

生： 我们的做法是将其中一个未知数消去，转化为另一个未知数的式子，然后再用一次均值定理就可以了，具体过程如下：

$\because \dfrac{1}{x} + \dfrac{9}{y} = 1$ ， $\therefore \dfrac{1}{x} = 1 - \dfrac{9}{y} = \dfrac{y-9}{y}$ ， $\therefore x = \dfrac{y}{y-9}$ 。

$\because x > 0, y > 0$ ， $\therefore y - 9 > 0$ ，

$\therefore x + y = \dfrac{y}{y-9} + y = \dfrac{y-9+9}{y-9} + y - 9 + 9 = (y-9) + \dfrac{9}{y-9} + 10$

$\geqslant 10 + 2\sqrt{(y-9) \cdot \dfrac{9}{y-9}} = 16$

［当且仅当 $(y-9)^2 = 9$ 即 $y = 12$ 时，等号成立。］

所以 $x + y$ 的最小值为 16。

师： 请同学们认真检查他的解题过程，看看有没有问题？

这种解法将二元问题转化为一元来解决，同时结合代数式特点进行构造，进而运用均值定理求出最小值。

师： 下一个谁来展示？

生： 我们组想到了一种方法，但是没做出来结果，我说说想法吧。

看到等式 $\dfrac{1}{x} + \dfrac{9}{y} = 1$ ，且 $x > 0, y > 0$ ，我们想到了三角函数恒等式

$\cos^2\theta + \sin^2\theta = 1$ ，于是设 $\dfrac{1}{x} = \cos^2\theta, \dfrac{9}{y} = \sin^2\theta$ ， $\theta \in (0, \dfrac{\pi}{2})$ ，（此时教师立

刻欣喜地板书下来）所以 $x = \dfrac{1}{\cos^2\theta}$ ， $y = \dfrac{9}{\sin^2\theta}$ ，所以 $x + y = \dfrac{1}{\cos^2\theta} + \dfrac{9}{\sin^2\theta}$ ，

然后就不知道怎么办了。

师： 你们的想法太棒了！根据等式的特征联想到三角代换，看来"式感"很强啊！接下来看看谁能帮他们继续做下去啊？

生： 我想到了一个三角公式，就是那个正割、余割的式子，然后化成正、余切。

师： 好！那我们一起试试看：

$x = \dfrac{1}{\cos^2\theta} = \sec^2\theta = 1 + \tan^2\theta$ ， $y = \dfrac{9}{\sin^2\theta} = 9\csc^2\theta = 9 + 9\cot^2\theta$ 。

所以 $x + y = 10 + \tan^2\theta + 9\cot^2\theta$ ，此时想到恒等式 $\tan\theta \cdot \cot\theta = 1$ 也是定

值，然后 $x + y \geqslant 10 + 2 \cdot \tan\theta \cdot 3\cot\theta = 16$，当且仅当 $\tan\theta = 3\cot\theta$ 即 $y = 3x$ 时，等号成立。所以 $x + y$ 的最小值为 16。成功！（学生脸上露出了笑容）大家掌声鼓励一下她吧！

师：课堂上谁有想法都要大胆地说出来，不要保守或谦虚，要学会分享啊。

生：老师，我还有一种不同的方法，直接带着 $\cos\theta$、$\sin\theta$ 就行，不用化成正、余切。

（此时大家的目光都聚焦到了他的身上。）

师：那你来写写？

生：接着上面换元后的步骤，

$$x + y = \frac{1}{\cos^2\theta} + \frac{9}{\sin^2\theta} = \left(\frac{1}{\cos^2\theta} + \frac{9}{\sin^2\theta}\right)(\cos^2\theta + \sin^2\theta)\ （把式子展开）$$

$$= 10 + \frac{\sin^2\theta}{\cos^2\theta} + \frac{9\cos^2\theta}{\sin^2\theta} \geqslant 10 + 2\sqrt{\frac{\sin^2\theta}{\cos^2\theta} \times \frac{9\cos^2\theta}{\sin^2\theta}} = 16,$$

当且仅当 $\sin^2\theta = 3\cos^2\theta$ 时取等号。

师：他的方法太巧妙了！你看出关键所在了吗？

（有同学说出关键是 $1 = \cos^2\theta + \sin^2\theta$ 的巧用。）

师：我们给他以热烈的掌声！

生：老师，我们组有更简单的解法！

师：是吗？请来板书一下。

生：$\because \dfrac{1}{x} + \dfrac{9}{y} = 1$，

$$\therefore x + y = (x + y)\left(\frac{1}{x} + \frac{9}{y}\right) = 1 + \frac{9x}{y} + \frac{y}{x} + 9$$

$$= 10 + \frac{9x}{y} + \frac{y}{x} \geqslant 10 + 2\sqrt{\frac{9x}{y} \cdot \frac{y}{x}} = 16\ （当且仅当\ y = 3x\ 时，等号成立）$$

$\therefore x + y$ 的最小值为 16。

（大家看完他的过程，不约而同地为他鼓掌。此时的我十分欣慰，想要的结果终于出来了。）

师：根据大家的掌声和表情，能看出这种方法大家很喜欢啊！简单几步，体现了 "1" 的巧用，巧妙思路，抓住了均值定理应用的灵活性。希望大家能真正理解和记住这种方法，我们追求一题多解，但是，一定要牢记一题多解的目的是锻炼思维，寻找最优解法！

【教学反思】

这节课充分调动了学生的积极性，课前准备的几种解法几乎都是由学生自己想出来的，充分展示了方法的形成过程。通过对本题不同处理方法的分析，使解题思路更加开阔，不仅能提高学生综合运用知识、分析问题和解决问题的能力，而且还有利于培养良好的思维品质，激发学习兴趣。（张留杰）

谈提升数学解题能力的四个环节

解题是一种实践性的技能，数学解题能力是数学思维能力的体现，因而对学生的数学能力的考查主要是通过解题来实现的。在数学教学中如何提升学生的解题能力？如何让学生脱离"题海战术"，进行科学有效的解题训练？这是非常值得我们思考、探究的问题。

经过多年教学实践，我认为在数学解题教学中，要通过审题加深对基本数学原理、数学思想方法的理解；通过引导学生参与解题思路的分析、探究，促进学生对数学问题本质的理解；通过对问题的适当变式、反思和拓展，激发学生的创新思维，促其提出具有创新性的数学问题。以下就分四个层次谈谈我的一些体会。

一、明确原理，抓住关键

数学中的原理通常指数学中的定义、定理、公式、法则等。在实际教学过程中，经常引导学生思考"遇到什么，想到什么"，以便于理解数学原理的内涵，提高学生的数学联想能力。

如果说"明确原理"是解题的前提，那么"抓住关键"就应该是解题的核心。在诸多"遇到什么，想到什么"的结果中，总有一个是解决问题的关键，抓住关键就等于找到了解决问题的"切入点"或"突破口"。

例1：已知函数 $y = f(x)$ 在 $(0, 2)$ 上是减函数，且函数 $y = f(x + 2)$ 是偶函数，试判断 $f(0.5)$、$f(2.5)$、$f(3)$ 的大小关系。

显然，"函数 $y = f(x + 2)$ 是偶函数"是解题关键，只需思考由该条件能想到什么。从数量关系方面，可得 $f(-x + 2) = f(x + 2)$，但学生容易错误地得出 $f(-x - 2) = f(x + 2)$。从形的角度，可知 $y = f(x + 2)$ 的图象关于 y 轴对称，而 $f(x + 2)$ 的图象可以看作将函数 $f(x)$ 的图象向左平移 2 个单位，所以函数 $f(x)$ 的图象关于直线 $x = 2$ 对称。再根据条件"函数 $y = f(x)$ 在 $(0, 2)$ 上是减函数"，问题迎刃而解。

二、注意细节，挖掘隐含

常言说，细节决定成败。"粗心、马虎、少考虑一种情况"经常成为学生解题错误的"有力借口"，其实，这是在解题中"忽视细节、无视隐含"所造成的。

教师在解题教学中，有意引导学生关注细节，挖掘隐含，难题将会不难。

例2：椭圆 $\dfrac{x^2}{a^2} + \dfrac{y^2}{b^2} = 1$（$a > b > 0$）的长轴长度是短轴长度的 $\sqrt{2}$ 倍，斜率为1的直线 l 与椭圆相交，截得的弦长为正整数的直线 l 恰有3条，则 $b=$_____。

此题的关键条件是满足题意的直线 l"恰有3条"，由此可以想到什么呢？能挖掘出什么隐含呢？

教师结合动画引导学生挖掘出"直线 $y=x$ 被椭圆截得的弦长恰好等于2"这一隐含信息，也是解题的"关键点"，并且还能进一步举一反三。

三、善于化归，举一反三

化归，即转化和归结。在解题时，我们不仅要找准化归对象（对什么化归），更要明确化归目标（化归成什么问题），还要合理选择化归途径（如何化归）。

例3：等比数列 $\{a_n\}$ 的前 n 项和为 S_n，对任意的 $n \in \mathbf{N}^*$，点 (n, S_n) 均在函数 $y = b^x + r$（$b > 0$，且 $b \neq 1$，b、r 均为常数）的图象上。

（Ⅰ）求 r 的值；

（Ⅱ）当 $b=2$ 时，记 $b_n = 2(\log_2 a_n + 1)$（$n \in \mathbf{N}^*$）。

证明：对任意的 $n \in \mathbf{N}^*$，不等式 $\dfrac{b_1 + 1}{b_1} \cdot \dfrac{b_2 + 1}{b_2} \cdots \dfrac{b_n + 1}{b_n} > \sqrt{n+1}$ 成立。

分析：对于第二问，所证不等式化归为：

$$\dfrac{b_1 + 1}{b_1} \cdot \dfrac{b_2 + 1}{b_2} \cdots \dfrac{b_n + 1}{b_n} = \dfrac{3}{2} \cdot \dfrac{5}{4} \cdot \dfrac{7}{6} \cdots \dfrac{2n+1}{2n} > \sqrt{n+1} 。$$

根据结构特点，引导学生探究多种证明方法。

证法一，根据该不等式是关于自然数 n 的不等式，想到用数学归纳法证明，体现通性通法。

证法二，根据重要不等式得出 $2n + 1 = \dfrac{2n + (2n+2)}{2} > \sqrt{2n \cdot (2n+2)}$，将所证不等式左边的奇、偶数关系转化并统一为偶数之间的关系，经过化简，使不等式得证。即：

$$\frac{3}{2} \cdot \frac{5}{4} \cdot \frac{7}{6} \cdots \frac{2n+1}{2n} = \frac{\frac{2+4}{2}}{2} \cdot \frac{\frac{4+6}{2}}{4} \cdot \frac{\frac{6+8}{2}}{6} \cdots \frac{\frac{2n+(2n+2)}{2}}{2n}$$

$$> \frac{\sqrt{2 \times 4}}{2} \cdot \frac{\sqrt{4 \times 6}}{4} \cdot \frac{\sqrt{6 \times 8}}{6} \cdots \frac{\sqrt{2n \cdot (2n+2)}}{2n} = \sqrt{n+1} \text{。}$$

证法三，从"转化无理不等式为有理不等式"入手，只需证明：

$$\left(\frac{3}{2}\right)^2 \cdot \left(\frac{5}{4}\right)^2 \cdot \left(\frac{7}{6}\right)^2 \cdots \left(\frac{2n+1}{2n}\right)^2 > n+1 \text{。}$$

联想到"叠乘相消"的思想，主要过程如下：

$$\because \frac{3}{2} > \frac{4}{3}, \ \frac{5}{4} > \frac{6}{5} \cdots \frac{2n+1}{2n} > \frac{(2n+1)+1}{2n+1},$$

$$\therefore \left(\frac{3}{2}\right)^2 \cdot \left(\frac{5}{4}\right)^2 \cdot \left(\frac{7}{6}\right)^2 \cdots \left(\frac{2n+1}{2n}\right)^2 > \frac{3}{2} \cdot \frac{4}{3} \cdot \frac{5}{4} \cdot \frac{6}{5} \cdot \frac{7}{6} \cdot \frac{8}{7} \cdots \frac{2n+1}{2n} \cdot$$

$$\frac{2n+2}{2n+1} = n+1 \text{。}$$

$$\text{故} \frac{b_1+1}{b_1} \cdot \frac{b_2+1}{b_2} \cdots \frac{b_n+1}{b_n} > \sqrt{n+1} \text{。}$$

由此可见，若从不同的角度去分析研究，就可以转化为不同的问题，得出不同的解法，使学生的思维触角伸向不同的方向，不仅能巩固所学知识，而且能更好地拓展学生的思维。

四、反思本质，引申拓展

解题切忌就题论题。解题过程完毕不等于解题任务结束，还要进行认真的反思。著名数学教育学家弗赖登塔尔说过："反思是数学思维活动的核心和动力，没有反思，学生的理解就不可能从一个水平升华到更高的水平。"

下面结合两道例题分析一下如何引导学生进行反思和拓展。

例4：若 $f(x) = \frac{\sqrt{3}}{3^x + \sqrt{3}}$，则 $f(-9) + f(-8) + f(-7) \cdots f(9) + f(10) = \underline{\quad}$。

本题解后，教师引导学生进一步推广问题的一般规律，并得出一些结论：

（1）若 $f(x) = \frac{\sqrt{a}}{a^x + \sqrt{a}}$ （$a > 0$），则 $f(x) + f(1-x) = 1$。

(2) 若 $f(x) = \dfrac{a^x}{a^x + \sqrt{a}}$（$a > 0$），则 $f(x) + f(1 - x) = 1$。

由此可见，这两类函数 $f(x)$ 从数量关系上总满足 $f(x) + f(1 - x) = 1$，从形的角度看，它们的图象关于点 $\left(\dfrac{1}{2}, \dfrac{1}{2}\right)$ 对称，此乃问题的本质也。

例 5：已知点 P 在双曲线 $\dfrac{x^2}{a^2} - \dfrac{y^2}{b^2} = 1$（$a > 0$，$b > 0$）的右支上，$F_1$、$F_2$ 分别是双曲线的左、右焦点，ΔPF_1F_2 的内切圆圆心为 M，则圆 M 切 x 轴于定点。

根据双曲线定义，可得该圆切 x 轴于右顶点，能否将这个问题推广到椭圆、抛物线中呢？圆 M 还会切 x 轴于顶点吗？结果又有何不同呢？

显然，椭圆 $\dfrac{x^2}{a^2} + \dfrac{y^2}{b^2} = 1$（$a > b > 0$）的焦点三角形 ΔPF_1F_2 的内切圆不可能切 x 轴于定点，类比椭圆和双曲线的性质，猜想椭圆中 ΔPF_1F_2 的旁切圆（其中两个）应该切 x 轴于椭圆的顶点，并且当点 P 在 y 轴右侧时，圆 M 切右顶点 A_2（如图 8）点 P 在 y 轴左侧时，圆 M 切左顶点。根据椭圆定义不难证明猜想是正确的。

对于抛物线 $y^2 = 2px$（$p > 0$），根据这三种曲线的统一定义，可将抛物线看作"开口的椭圆"，这样可认为抛物线 $y^2 = 2px$ 的右焦点在"无穷远点"，得出拓展问题：点 P 在抛物线 $y^2 = 2px$（$p > 0$）上，焦点为 F（如图 9）过点 P 作直线 $l /\!/ x$ 轴，圆 M 在 PF 的左侧，与 PF 相切于点 E，且与直线 l、x 轴都相切，则圆 M 与 x 轴的切点为抛物线的顶点。

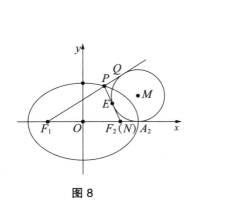

图 8

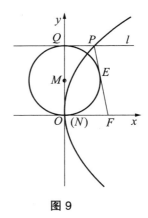

图 9

反思使我们的思维更加活跃，教师在解题教学中，不仅要让学生插上思维的翅膀，更要让学生有立足的地方。这样学生才能站得更高、看得更远、感悟得更深。（张留杰）

自 白

张留杰自画像

自我评价：为人友善，待人真诚，性格开朗，是一个性情中人。对教育工作充满热情，雷厉风行，追求完美。生活态度为乐观生活，开心就好。

心目中的好老师：爱岗敬业，业务精湛。

心目中的好学校：充满学术氛围，管理以人为本，人际关系和谐。

心目中的好学生：具有上进心，做事态度认真，具有良好的思维品质。

处理师生关系：尊重学生的想法，站在学生的角度思考问题，并和他一起解决问题；热爱学生，并且有意关注学生的情绪变化。

教育教学观：尊重学生的个性发展，培养学生的思维能力；注重知识的形成过程教学，让学生以研究数学的态度去自主地学习数学，从而提升数学素养。

对自己影响最大的书：《给教师的一百条建议》《为了自由呼吸的教育》《MM教育方式：理论与实践》

取得成绩的经验：诚信待人、用心做事、精益求精。

工作与学习的关系：在工作中不断学习，在学习中提升工作能力。

4. 李良益：课如其人——学生良师，同事益友

他注重学生的做人教育，挖掘教学内容中的人性光辉、道德思想内涵，把语文课堂当作教育学生学习做人的最好阵地；他注重学生的生活教育，主张学生在生活中感受语文，学习语文，提高语文；他注重学生的审美教育，坚持在语文教学中引导学生体味文学艺术之美，感悟自然社会之美；他指导的学生多次获全国、市、区作文竞赛一等奖；他在各类专业报刊上发表了大量文章。他就是李良益，北京市骨干教师、朝阳区语文学科带头人、北京市陈经纶中学语文教师。

印 象

良师益友——李良益

李良益课如其人：学生良师，同事益友。李老师对语文教学常常能找准一个角度，钻得深，能找好一个点，夯得实，让其他教师和听课的学生有所收获和启发。

印象特别深刻的是李老师上的现代文阅读复习指导课。应该说散文阅读有很多教法，如"原始阅读""边缘阅读""功利阅读"等等，而这些阅读方法无外乎从题目、体裁、结构、手法、关键词语、题干等方面入手，领着学生去阅读解析文本。而从哲理的角度去引领，则是一种尝试，一种创新，是聪明的体现。所以这节课清晰、有效、充满智慧。

李良益老师在日常工作中给人一种清爽清晰、冷静沉稳、聪明理性的印象，我想这样的印象来自他对思考规律的把握和运用。你看他在课堂上带领学生娴熟地运用这样的哲学观点：客观与主观、自然与社会、物质与精神、宏观与微观、数量与质量、形式与内容……他不但将这些对立统一的概念名词用于教授现代文阅读，也用于工作、生活。

李老师人好，对周围的人很关照；课好，给学生一条路；口碑好，大家都有同感。所以，李良益可谓"三好"小伙子。（崔秀琴）

李良益课堂教学艺术之一：点醒学生心灵

【课堂回放】

师：同学们都说散文阅读很难，没有路。这让我想起了我国现代大教育家叶圣陶先生说过的一句话（投影）："思想是有一条路的，一句一句，一段一段都是有路的，好文章的作者是决不乱走的。"请大家齐读一下。我坚信：思想有路，文章有路。那么这条路是什么呢？今天老师提一个观点：用哲学的观点来指导我们的散文阅读，是一条很好的路。

生：老师，什么是哲学观点呢？

师：对立统一就是一个基本的哲学观点，它概括了这个世界万物之间的关系。比如"内因与外因"就是一组对立统一的哲学观点。像这样的一组一组同时出现的名词概念，你们还知道哪些？

生：量变与质变、主动与被动、整体与部分、现象与本质。

师：很好！这里老师帮大家找了一些，大家一起来读读。

生：（齐）数量与质量、主观与客观、静止与运动、必然与偶然、原因与结果、局部与整体、纵向与横向、共性与个性、宏观与微观、过度与适度、可能性与现实性、主与次……

师：这些哲学观点是对人们认知、思考过程的一种规律性总结，好的文章也能体现这些规律。读一篇散文，或者说理解一篇散文，都要弄清三个问题：写了什么、为什么写、怎么写的。这三个问题就是对立统一观点的体现。写了什么、它有什么特征，这是外在的、表象的、物质的；为什么写、有什么寓意、要表达什么感情，这是内在的、本质的、精神的。这二者之间是对立的，作者用写作思路和表现手法将它们统一在一篇文章里。语文有专用名词来指明这个规律，大家能说说吗？

生：老师，是借景抒情和托物言志吗？

师：对，下面我们举例说明。大家请看叶文玲的散文《寂寞书院冷》，请大家运用投影上的哲学观点来启发思考，推测文章应该会写什么？

生：借写书院的寂寞来写内心的感受。这是"现象与本质"。

生：我觉得是"主观与客观"吧。作者内心可能认为这个书院是冷的、寂寞的，客观上又看到书院里没什么人，是寂寞的。

师：没什么人，所以是寂寞的，是客观上来说的。好，根据对立统一的观点，既然"书院""冷"了，相对的一定是什么东西过于"热"了。这个地方为什么"冷"了呢？

生：因为在山上，风大。

生：不，是没什么人，人少了，很冷清。

师：对，那么"热"就是人多热闹啦。运用表象与本质的观点，我还可以作这样的分析："书院"是表象，作者以"书院"为"表象"，想要谈论什么内在的"本质"的东西呢？"书院"是什么地方？

生：是过去学生读书的地方。

师：对，是过去读书讲学的地方，那作者在文中要借今天的"书院""冷"了，没人了，来说什么问题呢？

生：教育、读书。

师：对，"书院"是教育之地，文化传承之所，它代表历史文化、教育精神，这样的地方如今"冷"了。再来看"冷"这个词，它是一个什么词？

生：形容词，它可以形容环境冷清。

师：还可以形容什么？

生：……

师：它既可以形容客观事物的性质状态，又可以形容人的内心情感，还可以表达人对事物的态度。对标题认真解读，当有"书院"冷清寂寞之意，也有"书院"所代表的历史文化、教育精神受到了冷落的暗示，更有作者面对这一社会现象的什么心情？

生：痛心。

师：对，面对这样的社会现象，作者感到心凉。这样的分析已经涉及作者写这篇散文的写作目的了。从这个"冷"字，我们可以看出作者对书院寂寞冷清、历史文化被人们冷淡这种现象持一种什么态度？

……

【同行评析】

这节《现代散文阅读》课，听后令人振奋，收获颇多，感触很大。

课堂上首先运用教育家叶圣陶的话作为导语，给学生一条路，给学生一种方法。李老师平日的教学感悟、课堂展示，也体现了他的积淀和功底。

用哲学的观点解读散文，这是李老师大胆的尝试。通过一组组的哲学概念，诠释探究高考散文答题路径。这种引导，不是师生简单的问答，而是充满了哲学思考。"这些哲学观点是对人们认知、思考过程的一种规律性总结，好的文章也能体现这些规律。"一篇文章，学生通过看标题就能大概说出与题目有关的文章内容，这个路引得好，充满智慧，课堂效果好，见效快。

李良益老师的课是一节充满哲学思考的课，是一节实实在在的课，是让学生豁然开朗的课，可谓是点醒的艺术。（申淑艳）

李良益课堂教学艺术之二：遵循思维规律

【课堂回放】

师： 大家概括一下诗人笔下的豹，是一只怎样的豹？

生： 一只关在笼子里的豹，被束缚了的豹。

生： 身体被束缚了，内心也被束缚了。

师： 很好，大家读懂了这首诗的第一个层面：自然层面。大家通过里尔克的描述，看到了身体被圈禁，灵魂被禁锢的豹。（板书：自然——身体的束缚）

师： 有种说法——文学是人学，那么写自然里的动植物目的是？

生： 来折射现实社会中的人。

师： 这就读到了这首诗的第二层面——社会层面。豹是人的折射。豹和人的逻辑相似点是什么呢？

生： 没有自由。

师： 对，豹是因为铁栏圈禁失去了自由。人在现实生活中常常觉得不自由，原因是什么呢？（板书：社会——自由的丧失）

生： 别人的看法、情感、政策、规矩、责任、观念、道德、潜规则……

师： 说得很好，生命的本质是追求绝对的自由。一个人被有形无形的东西束缚住了，感到不自由了，就可能会想起里尔克的这只豹。一首经典的诗歌，我们应该从多层面去解读它。我在想，豹如果不是出生在铁笼里，而是被抓进来的，那刚抓进来时它会怎样呢？

生： 反抗，殊死反抗。

师： 对，它会殊死反抗！之后豹会经历一个怎样的心理变化过程？

生： 从殊死反抗，到不甘心偶尔反抗，到彻底放弃反抗，认命了。

师：对，这是一个痛苦的过程，心理学上叫作内化。放弃反抗，接受命运，过程是痛苦的。当我们理解到这只豹的改变肯定伴随着一个心理过程时，就读出了这首诗的第四个层面——心理层面。从心理层面去探寻一个人的变化时，我们会得到更深刻的认识。（板书：心理——禁锢的内化）

师：大家觉得，笼里的豹还是一只真正的豹吗？

生：我觉得它不算。它有豹的样子，但它的习性被改变了。

师：太棒了，你的看法很深刻。你已经读到了这首诗的哲学层面。哲学是讲"是什么""为什么"的问题。是不是一只真正的豹，这就是哲学层面的探讨了。本质的有无是判定一个事物的标准。说豹是一只真正的豹的根本标准是什么？

生：豹的习性，它的野性。

师：对，这只豹的本质野性已经没了，或者说即将没了。（板书：哲学——本质的丧失）野性没了，本能丧失了，豹就不是一只豹了，而是一只玩偶了，是供人观赏赚钱的工具了。本质的驯化、异化是可怕的，是颠覆性的改变。

师：就人类而言，我们不会丧失人的本质。因为我们会思考，会写作。比如写博客、微博，从某种意义上来说就是警醒自己活得更像一个人，别被异化。那为什么少有经典呢？这就涉及这首诗的第五个层面——艺术层面。（板书：艺术——经典的表达）
接下来我们讨论本诗的艺术特色。

……

【同行评析】

《豹》是奥地利著名诗人里尔克的一首现代主义的经典诗作，描写一只被囚禁在铁笼里的豹，折射了人的生存状态。

阅读应是观照自我生命的重要途径，李老师的课在各个教学环节都引导学生紧密地联系自己的生活，联系现实，用自己的生命体验来理解诗歌，又通过解读诗歌来反思自己。从自然、社会、心理、哲学、艺术这五个层面解读诗歌，李老师给了学生一条阅读解读诗歌的路径，也给了学生思考社会人生的方法。（喻祖权）

李良益课堂教学艺术之三：等待学生共鸣

【课堂回放】

《琵琶行》课堂教学实录片段：

师：最后一段音乐描写中，那是谁在说，谁在听？

生：琵琶女在用弹奏述说，"满座"包括诗人在听。

师：谁的心中共鸣最大？

生：江州司马。

师：对，诗人是泪湿青衫。我们找了一下这首诗里的"说"与"听"。其实这首诗整个都是在倾听与倾诉。在倾听、倾诉中，有了感动，有了共鸣。大家想想，听者心中的共鸣有没有层次？

生：我觉得有层次。刚开始时，他是听琵琶女的琴声，听到了音乐说的是"弦弦掩抑声声思，似诉平生不得志"。这里只是"似诉平生不得志"，他还不是很清楚地知道。

师：这个时候诗人知道对方是用音乐在诉说，他听懂了音乐吗？

生：他能听出幽愁暗恨，但不知道具体是为什么。后来，琵琶女用语言来诉说，这样作者知道了她平生的经历，最后再听琵琶女的弹奏就觉得"凄凄不似向前声"，听到了之后掩泣。刚开始，他只是感觉到了……

师：刚开始是两个人都懂音乐，诗人知道她在用音乐抒发感情，对诗人有什么触动？

生：对人生遭际……

师：对整个人生，对身世产生了共鸣。当听完琵琶女自诉身世后那个共鸣的句子是哪句？我们一起读一下那句诗——

生：（齐）同是天涯沦落人，相逢何必曾相识。

师：如果说琵琶女的弹奏排遣了诗人的离愁别绪，那么，听完了琵琶女的自诉身世后，作者产生了巨大的共鸣，对自己的身世也发出了感慨，道出了这一千古名句："同是天涯沦落人，相逢何必曾相识。"其实，在诗歌营造的意境里，我们在座的各位同学和老师，也都是倾听者。如果我们曾经失意落寞，当我们听到"同是天涯沦落人，相逢何必曾相识"时，是否也会与之产生共鸣？同学们能否谈谈自己读到这两句诗的感受？（投影）

共鸣——在倾诉倾听中

倾诉，在自己人生失意之时；

倾听，在他人愁恨宣泄之际；

共鸣，在彼此心灵感动之处。

（生略。）

师：诗歌的内涵意蕴是非常丰富的，我们在课上只是从名句入手，从倾听倾诉从而产生共鸣这样一个角度来解读了这首诗歌，我希望大家回去多多吟诵，不断思考，从多种角度，读出自己的独特理解来，让这首诗，让《琵琶行》在你心里产生共鸣，好不好？我们的课上到这里，下课。

【同行评析】

这节课，妙就妙在激发学生的情感共鸣。

所有的文学教育都是情感教育，情感教育如果不能激发人的情感共鸣，就无法让人感知、欣赏到文学的美。李老师的这堂课，从倾听倾诉从而产生情感共鸣这样一个切入点来解读传统名篇《琵琶行》，抓住了文学教育的精髓。

我们看到课堂上学生的共鸣少，这正是语文学习的特点，语文学习是一个等待共鸣的过程。语言文字的力量和美对人的作用是有选择性的，一个经历丰富的人和一个阅历浅薄的人，对语言文字的敏感度、对文学艺术的感知是不一样的。

所以我们的语文教学，一是激发学生的情感共鸣，引导学生调动自己的生命体验去感知语言文字的力量和美；二是积累积淀，给学生一些优秀的文学作品，在学生的心底铺下厚厚的文学素养，以期将来有顿悟，有共鸣。

李老师的这堂课从这样两个层次给学生以收获。（现场听课老师）

关于语文

一、关于语文教师的使命

每次提到韩国"端午祭"申遗成功时，学生都会觉得自尊心受到伤害，觉得中华传统文明被褫夺、被剽窃，义愤之情溢于言表。其实，我们中华传统文明的核心和本质是母语，是汉语言文字，但当下不重视母语教育所致的无形损失，其害甚大。

语文教学是传承，更是一种拯救。语文教师应以微薄的力量做一些事：纯洁我们的语言文字，让我们的文明、文化保持本色。同时我也不断地教育我的学生，我们每一个中国人都有责任和义务来维护我们语言文字的纯洁和正确。在我的课堂上，只要我纠正了一个学生长久以来一直读错的字或写错的字，我觉得就是一份贡献。

二、关于语文教育的功用

学语文有什么用？我的学生经常问我：背《诗经》、背《离骚》有什么用？

一位学生家长说，其他学科的知识是一个人成功的基础，但语文知识、语文能力却是一个人成功的关键。他打了一个比方：如果说专业知识相当于智商的话，那么语文知识、语文能力就是相对的情商，在一般情况下，情商决定一个人成功的程度。这位家长说的有道理。

语文教育是培养生活能力的教育，是提升生命质量的教育。生活温饱后，人的生活品质能否再提升一个层次，最重要的影响因素当属语文教育了。因为语文教育是引领人认知了解、体验感悟、实践创造真善美的教育。相比而言，如果要找一门学科让学生带着情感、带着自己浓厚的兴趣去感知体验生活，去感受实践真善美，非语文莫属了。由语文学习而得的理解能力、表达能力、思考能力、探究能力、内省能力等，都将内化为人的生命本能。人之为人，要具备血肉骨骼等物质，也不能缺失理解、表达、思考、探究、反省等抽象能力，否则与植物人无异。从这个层面上说，语文能力是人终身学习发展的基础。

语文就与我们身边的空气和水一样普通，它太过日常化，太过普通，而为人忽视，但我们每个人都无法离开它而生存。

三、关于语文教学

教师要思考如何教学生知识，更要思考把学生培养成为什么样的人。我们要让学生在人生和各种考试中取得成绩，更要"培养独立思考和独立工作的人"。

语文教学需要循序渐进地教给学生思考的方法、思考的规律，引导学生用辩证的观点、历史的观点去思考学习、工作、生活。

学科整合是语文教学的另一条必由之路。学科性质和特点决定了语文学习的广泛且深刻，它包含古今中外、天文地理、自然和社会。语文教师应该是语文的专家，其他知识的杂家。语文学习必须是一种以语文为主的学科整合过程。各学科知识积累积淀，最终在语文的运用和表达中体现出来。（李良益）

自 白

李良益自画像

自我评价：尽心尽力地做好自己的本职工作，希望能以自己的言行对学生有正面影响，在学生的成长历程中，我给过他们正能量。

心目中的好老师：一个好老师是好的愿景描绘者，他能把人生彼岸描绘得美丽真实，让学生有自己渡河的愿望、自信和决心；一个好老师是好的运动教练，学生在横渡人生之河时遇到任何困惑，老师都能及时地指导启发，让学生自己去战胜超越。

心目中的好学生：我心中好学生的标准是"达礼"加"知书"。好学生首先是"做人"优秀，他应该善良自信，有责任心，有担当，有良好的习惯，做事有毅力能坚持，为人诚信，对人礼貌。其次才是他的脑子聪明，有强烈的求知欲，善于钻研，成绩中上。

心目中的好学校：好学校应该让老师有一种归属感，有一种自豪感。学生在这样的学校里能成材，老师在这样的学校里能成长。

处理师生关系：师生关系中最重要的一条是信任，我们要相信每个学生都有追求真善美的内在要求。有了这个前提，对于学生尚未达到要求、偶尔犯下错误要宽容，要等待，在宽容等待中调动学生的内在动力，促使学生成功。

教育教学观：每个人都愿意呈现出更多的真善美，每个人都希望得到更多的尊重，每个人都有个性成长的需求和权利。教育就是为达到这三个目的而去的。

对自己影响最大的书：《叶圣陶教育文集》《给教师的一百条建议》《从批判走向建设——语文教育手记》。

取得成绩的原因：成绩来自勤奋。善于学习，持久勤奋，每个人都会离成功越来越近。

工作与学习的关系：对于教师，学习就是工作。工作之余，我最喜欢锻炼。身体健康，精神愉悦，才能工作高效。

5. 张辉：解读"严师"的数学思维

　　她的数学课思维严谨，在教学中，她让学生获取到丰厚知识的同时也学到了做人做事的态度；她用心带班，所带班集体先后获得"北京市优秀班集体""朝阳区五四红旗团支部"等荣誉；她曾获"北京市师德先进个人""北京市中小学'紫禁杯'优秀班主任"等荣誉称号；她有数十篇教育、教学论文获得市、区级教育教学论文一、二等奖。她就是北京市陈经纶中学数学高级教师、北京市骨干教师张辉。

印象

"严师"张辉

张辉始终对自己的工作充满敬畏。

她对学生是严格的。课堂内外，都始终把学生放在心上，全身心地投入到和学生思维的沟通之中，让师生的思维融为一体，努力培养学生缜密的思维习惯。她的目标是培养出更多让自己崇拜的学生。

她对教学是认真的。在教学方式的实施上，她是下了功夫的，体现了教师的主导、示范、引领作用。在教学设计上目标明确，重视基础，重视过程教学，注重对基本思想、基本技能、基本思想方法的落实。她重视数学思想的渗透，努力揭示数学的本质，注意落实数学的应用性。她的教学过程中有很好的设问，常以问题串的形式呈现。课堂上注重方法的总结，善于总结规律，给学生一些规律的东西。

她对学生是负责的。她关注教学方式，有效、科学、民主、开放地展开教学活动，课堂上敢于把"话语权"交给学生，留给学生活动的时间，学生的思维被激发出来了，实现了思维的真正参与。

她的认真负责通过课堂上的表情、动态演示非常自然地流露出来，变成一种自觉行为。（丁益祥）

张辉课堂教学艺术之一：善待学生的"意外"发现

【课堂回放】

公开课《利用构造函数法证明不等式》片段：

问题1：$\dfrac{e^4}{16}$，$\dfrac{e^5}{25}$，$\dfrac{e^6}{36}$（其中 e 为自然常数）的大小关系是____。

生：构造函数 $f(x)=\dfrac{e^x}{x^2}$，然后求导得：$f'(x)=\left(\dfrac{e^x}{x^2}\right)'=\dfrac{e^x\cdot x^2-e^x\cdot 2x}{x^4}=$

$\dfrac{e^x(x^2-2x)}{x^4}$，令 $f'(x)>0$ 得 $x<0$ 或 $x>2$，从而可知 $f(x)$ 在区间 $(2,+\infty)$

上单调递增，故 $f(4)<f(5)<f(6)$，所以 $\dfrac{e^4}{16}<\dfrac{e^5}{25}<\dfrac{e^6}{36}$。

师：不错！怎么想到的构造出 $f(x)=\dfrac{e^x}{x^2}$ 这个函数呢？

生：上面三个式子可以作以下变形：$\dfrac{e^4}{4^2}$，$\dfrac{e^5}{5^2}$，$\dfrac{e^6}{6^2}$，分式的分子是幂的指数在变

化，分母变化的是幂的底数，由此联想到分子构造出指数函数 $y=e^x$，分

母构造出幂函数 $y=x^2$。

师：真好！构造函数就是要抓住式子中哪个量是变化的，哪个是不变的。

生：这三个数的大小关系可以直接作出判断。因为指数增加得快，而分母增

加得比分母要慢，所以 $\dfrac{e^6}{6^2}$ 要远大于 $\dfrac{e^5}{5^2}$、$\dfrac{e^4}{4^2}$。

师：这位学生采用估值的方法处理这样一个小题，很巧妙，也节省了时间！

（该生的回答并不在教师的预设之中，但学生课堂上的生成的确是解决小题所

倡导的巧方法！这个时候要对学生的做法给予充分肯定，将不同的方法加以

对比，才有助于培养学生思维的灵活性。）

问题 2：已知函数 $f(x) = \ln x$，当 $0 < a < b$ 时，求证：$f(b) - f(a) > \dfrac{2a(b-a)}{a^2 + b^2}$。

师： 此题即要证明 $\ln \dfrac{b}{a} > \dfrac{2a(b-a)}{a^2 + b^2}$。

生： 可将上式作如下变形：$\ln \dfrac{b}{a} > \dfrac{2\left(\dfrac{b}{a} - 1\right)}{1 + \left(\dfrac{b}{a}\right)^2}$，构造函数 $f(x) = \ln x - $

$\dfrac{2(x-1)}{1+x^2}$ $(x > 1)$，利用函数的单调性进行证明。

生： 当 $x > 1$ 时，$f'(x) > 0$ 恒成立，所以 $f(x)$ 在 $(1, +\infty)$ 上单调递增，从而

$f\left(\dfrac{b}{a}\right) > f(1) = 0$，所以 $\ln \dfrac{b}{a} > \dfrac{2\left(\dfrac{b}{a} - 1\right)}{1 + \left(\dfrac{b}{a}\right)^2}$ 成立。

师： 非常好！把两个自变量 a、b 转化为一个整体 $\dfrac{b}{a}$ 作为函数的自变量来构造

函数，使得问题变得很简单。

生： 老师，能否将不等式作如下转化：因为 $\dfrac{2a(b-a)}{a^2 + b^2} \leqslant \dfrac{2a(b-a)}{2ab}$，所以只

要证明出 $\ln \dfrac{b}{a} > \dfrac{2a(b-a)}{2ab} = 1 - \dfrac{a}{b}$ 就可以了。

师： 这样放缩形式上简单了，但还能构造出适当的函数吗？

生： 构造函数 $f(x) = \ln x - 1 + \dfrac{1}{x}$，这样讨论单调性会更简单些。

（该生的方法很巧妙，但它依然是把 $\dfrac{b}{a}$ 视为一个整体变量，尽管离自己最初设

计越来越远，但教师还是让学生继续分析。）

生： 在 $\ln \dfrac{b}{a} > 1 - \dfrac{a}{b}$ 中，真数 $\dfrac{b}{a}$ 与不等号右边的 $\dfrac{a}{b}$ 互为倒数，则 $\dfrac{b}{a}$ 就是 $\dfrac{1}{x}$！

师： 说得好！下面咱们共同讨论 $f(x) = \ln x - 1 + \dfrac{1}{x}$ 的单调性。

生： $f'(x) = \dfrac{1}{x} - \dfrac{1}{x^2} = \dfrac{x-1}{x^2}$，当 $x > 1$ 时，$f'(x) > 0$，$f(x)$ 单调递增，因

为 $\dfrac{b}{a} > 1$ 所以，$f\left(\dfrac{b}{a}\right) > f(1) = 0$。

师： 看来利用放缩可以使运算简单，但是能想到放缩的确不太容易。这需要

从不等式的变形入手，说白了还是有一个念头支撑着，那就是把 $\dfrac{b}{a}$ 视为一个整体的思想。

生：老师，我觉得对于 $\ln \dfrac{b}{a} > 1 - \dfrac{a}{b}$ 可以利用对数的运算法则作如下变形：

$-\ln \dfrac{a}{b} > 1 - \dfrac{a}{b}$，即 $\ln \dfrac{a}{b} < \dfrac{a}{b} - 1$，适当变形：$\ln\left(\dfrac{a}{b} - 1 + 1\right) < \dfrac{a}{b} - 1$。

以前曾经证明过 $\ln(x + 1) \leqslant x$，这样也可以证明出结论。

……

【教学反思】

通过本节课我再次深刻地认识到：预设是课前准备好的，但课堂上学生的思维往往是不可预测的。善待学生思维的闪光点，及时、恰当地对学生的发言作出点评，让更多的学生参与到课堂研讨的气氛之中，才能使学生有更多不同程度的收获。

（张辉）

张辉课堂教学艺术之二：创设问题情境，精心设计问题

一、创设问题情境

由老师演示河内塔实验（此处略）。

请推测：把 64 个圆环从 1 号针移到 3 号针，最少需要移动多少次？

教师提问：家是否理解了这个问题？是否清楚了圆环的移动规则？你打算怎样解决这个问题？是不是感到比较难？能否把问题变得简单、容易一些？怎样的情况会更简单、更容易呢？

【同行评析】

这一系列的启发性思考问题，在于引导学生面对一个新问题或较难的问题时，首先要准确理解问题，然后学会寻找问题的切入点。

二、概括思想方法

教师提问：请同学们小结一下，我们解决这个游戏问题的基本思维过程以前是否经历过？这样的思维过程体现了什么样的思想方法、策略？是不是比较常用的一种思维方式方法？我们要不要给这种思维方法定个什么名称？

【同行评析】

提出这样的问题要让学生明确归纳推理也有局限性，所得结论不一定正确，这种推理不能代表证明，其作用主要是帮助估计、猜测和发现新结论，探索和提供解决问题的思路与方向，一般在遇到较为抽象的、一般性的问题时，可以先考

虑简单的、具体的事例属性，进而归纳一般情形的结论。归纳意识强的人，常常会对观察到的一类事物的部分对象的某些特征进行归纳推理，这就可能发现一些新的结论或命题。

三、思维训练提升

例 1：设函数 $f(x) = \dfrac{x}{x+2}$ $(x > 0)$，观察：

$$f_1(x) = f(x) = \frac{x}{x+2},$$

$$f_2(x) = f(f_1(x)) = \frac{x}{3x+4},$$

$$f_3(x) = f(f_2(x)) = \frac{x}{7x+8},$$

$$f_4(x) = f(f_3(x)) = \frac{x}{15x+16},$$

……

根据以上事实，由归纳推理可得：

当 $n \in \mathbf{N}^*$ 且 $n \geq 2$ 时，$f_n(x) = f(f_{n-1}(x)) = $ _____。

教师提问：这四个式子的一致性是什么？如何将这种共性进行概括呢？

【同行评析】

这个问题较为简单，观察、归纳方向比较明确，四个式子的分子不变，分母是一次二项式，一次项系数和常数项与下标 n 的关系也不难归纳发现，主要训练归纳意识，观察数字变化与下标关系，这是归纳的基础。

例 2：数列 $\{a_n\}$ 满足 $a_{n+1} + (-1)^n a_n = 2n - 1$，则 $\{a_n\}$ 的前 60 项和为 _____。

教师提问：此题中数列的首项不知道，为什么能求前 60 项的和？前 60 项和太多，能不能求出前 1 项、2 项、3 项、4 项、5 项……的和？

【同行评析】

这个问题有一定难度，首先，它的首项未知，因而数列是不确定的；其次，它不是周期数列，且通项公式不易归纳，教师明确了学生面对问题的困难所在，有针对性地进行了启发、引导。

四、反思小结升华

教师提问：

1. 面对一个新情境、新问题或较难的问题，且没有常规套路时，你怎么办？

2. 归纳推理过程是怎样的呢？它体现了一种怎样的数学思想呢？

3. 什么情况下我们要想到归纳推理呢？

4. 归纳推理是不是一定有效呢？或者说是不是一定可靠呢？

【同行评析】

上述几个问题促使学生进一步反思归纳推理的过程与特点、作用与局限，既有利于让学生逐渐养成反思小结的习惯，又可以训练学生的概括提炼能力，并使学生所学思想方法得到进一步升华。（龚浩生）

张辉课堂教学艺术之三：教学生"品"数学题

"品"题能让学生深懂题中的味道，让学生把数学题的价值挖掘出来，体会到数学题"万变不离其宗"的玄机。

题目呈现：

已知抛物线 $y^2 = 4x$ 的焦点为 F，过点 F 的直线交抛物线于 A、B 两点。

（Ⅰ）若 $\overrightarrow{AF} = 2\overrightarrow{FB}$，求直线 AB 的斜率；

（Ⅱ）设点 M 在线段 AB 上运动，原点 O 关于点 M 的对称点为 C，求四边形 $OACB$ 面积的最小值。

品条件：

就第一问的条件而言，有两条路可以走：一是转化为坐标语言；二是转化为几何语言。

品解法：

将方程设成哪种形式呢？设成 $y = k(x-1)$ 是学生不假思考就很容易能想到的设法，这种设法还会面临一种选择，那就是消去哪个未知数更便于解题？大多学生会在消未知数时按照习惯消去 y。这道题非常好的地方就是提供了不同渠道消元，而且繁简程度很容易看出来。由于焦点坐标为 $F(1,0)$，还可将直线方程设为 $x = my + 1$。

解法一：采用第一种设法，在最后求 k 时，学生采用定义式 $k = \dfrac{y_2 - y_1}{x_2 - x_1}$（依题 $k \neq 0$）。

设 $A(x_1, y_1)$，$B(x_2, y_2)$，$F(1,0)$，

因为 $\overrightarrow{AF} = 2\overrightarrow{FB}$，所以 $\begin{cases} 1 - x_1 = 2(x_2 - 1) \\ -y_1 = 2y_2 \end{cases}$，所以 $x_1 + 2x_2 = 3$①。

设直线 $y = k(x - 1)$，即 $kx - y - k = 0$，

联立 $\begin{cases} y^2 = 4x \\ y = k(x - 1) \end{cases}$，消 y 得 $k^2x^2 - (2k^2 + 4)x + k^2 = 0$，

$x_1 + x_2 = \dfrac{4}{k^2} + 2$ ②，$x_1x_2 = 1$ ③。

联立①③，化简得：$2x_2^2 - 3x_2 + 1 = 0$。

所以，$\begin{cases} x_2 = 1 \\ x_1 = 1 \end{cases}$（舍）或 $\begin{cases} x_2 = \dfrac{1}{2} \\ x_1 = 2 \end{cases}$。

所以，$\begin{cases} y_1 = \pm 2\sqrt{2} \\ y_2 = \mp\sqrt{2} \end{cases}$，所以 $k = \pm 2\sqrt{2}$。

解法二：设方程的形式不变，消未知数 x。这是由 $-y_1 = 2y_2$ 想到的，是对用向量 $\overrightarrow{AF} = 2\overrightarrow{FB}$ 的形式给出条件的充分挖掘。这种解法显然是对整体代入的思想把握得特别好，对比第一种消元法，显然由于对条件"品"得深入，所以使解法变得简洁。

略解：$y^2 = 4\left(\dfrac{y}{k} + 1\right)$，$y^2 - \dfrac{4}{k}y - 4 = 0$，

$y_1 + y_2 = \dfrac{4}{k} = -y_2$，$y_1y_2 = -4 = -2y_2^2 = -2(-y_2)^2$，

所以，$-4 = -2\left(\dfrac{4}{k}\right)^2$，$k = \pm 2\sqrt{2}$。

解法三：根据题中直线所过点的特征，将直线设成横截距的形式，更便于消去未知数 x，便捷地寻找变量 y 的关系。直线过点 $F(1, 0)$，设直线 AB 方程为 $x = my + 1$。思路同解法一，在此不再赘述。求得 $m = \pm\dfrac{1}{2\sqrt{2}}$，$k_{AB} = \pm 2\sqrt{2}$。

第二问重在品方法、品题后反思，将题目的解法挖掘透彻，既讲目标函数的确立（方法一），也可挖掘题目中的几何特征，将面积分割转化为更易求的面积之和（方法二），还要分析出不同的设直线方程的方法会使目标函数的解析式繁简不同。

品方法：

方法一：用解法一的设法，由条件可得 $S_{四边形OACB} = 2S_{\triangle OAB}$。

$S_{\triangle OAB} = \dfrac{1}{2}|AB|d_{O-AB}$，

$$|AB| = \sqrt{1+k^2}\sqrt{(x_1+x_2)^2 - 4x_1x_2} = \sqrt{1+k^2}\sqrt{\left(\frac{4}{k^2}+2\right)^2 - 4}$$

$$= \sqrt{1+k^2}\sqrt{\frac{16}{k^4}+\frac{16}{k^2}} = 4\sqrt{1+k^2}\sqrt{\frac{1}{k^4}+\frac{1}{k^2}} = \frac{4(1+k^2)}{k^2}$$

又因为，$d_{O-AB} = \dfrac{|k|}{\sqrt{1+k^2}}$，所以，

$$S_{\triangle OAB} = \frac{1}{2} \times \frac{4(1+k^2)}{k^2} \cdot \frac{|k|}{\sqrt{1+k^2}} = 2\sqrt{\frac{1+k^2}{k^2}} = 2\sqrt{1+\frac{1}{k^2}} > 2$$

当 k 不存在时，直线方程为 $x = 1$，$S_{\triangle OAB} = \dfrac{1}{2} \times 1 \times 4 = 2$。

所以，当 k 不存在时，$(S_{四边形 OACB})_{\min} = 4$。

解后再品：联立方程求弦长得三角形的底，利用点到直线的距离求出三角形的高，再利用面积公式构造出关于 k 的函数关系式，是解决求最值问题的通法。

解法二：此法巧妙地将四边形面积进行分割，进一步将面积转化为纵坐标绝对值的和，利用平均值定理很快使问题得以解决，可谓妙哉！

当 $AB \perp x$ 轴时，则 $y_1 = -y_2$，$p = 2$。

$$S_{OABC} = 2S_{\triangle AOB} = 2(S_{\triangle AOF} + S_{\triangle BOF}) = 2 \cdot \frac{1}{2} \cdot |OF|(|y_A| + |y_B|) = |OF| \cdot |y_1 - y_2|。$$

因为 $y_1 \cdot y_2 = -p^2$，所以 $|y_1| + |y_2| \geq 2\sqrt{p^2} = 2p = 4$。

方法三：利用 $S_{四边形 OACB} = 2S_{\triangle OAB}$ 如何表示面积呢？把 OF 当 $\triangle OAB$ 的底！A、B 两点纵坐标差的绝对值即为高，用设横截距的办法较快地将问题解决。更妙的是：此时的目标函数要比设纵截距时的目标函数简单！

分析：$S_{\triangle OAB} = \dfrac{1}{2}|OF| \cdot |y_1 - y_2| = \dfrac{|y_1 - y_2|}{2}$，

$$(y_1 - y_2)^2 = (y_1 + y_2)^2 - 4y_1y_2 = 16m^2 + 16，$$

所以，$S_{\triangle OAB} = \dfrac{1}{2}\sqrt{16m^2 + 16} = 2\sqrt{m^2 + 1}$。

所以，当 $m = 0$ 时，$(S_{\triangle OAB})_{\max} = 2$，故 $(S_{四边形 OACB})_{\max} = 4$。

解后再品：这种求 $\triangle OAB$ 面积的想法应该是比较常见的，再一次将直线方程两种不同设法的优劣展现在学生面前，目标函数简洁能为求最值作好铺垫。（张辉）

提升思维品质，促进自主学习

在我看来，数学教育的意义远远不止于知识的传授，更重要的应该是它对人的思维能力的影响。如果只看到了知识的传授，看不到数学对学生思维的影响、对学生良好素质的影响，那就没有看到数学教育最根本的东西。因此，我在数学教学中，慢慢地通过数学知识这一载体，传达给学生一种数学学科的观点、数学学科的思想，这种观念性的东西最终将影响学生的一生！

一、想清楚"教什么"和"怎么教"才能提升学生思维品质，使课堂教学具有实效性

（一）如何把握"教什么"？

第一，开发教材、注重引入，提高学生学习数学的兴趣。

新课程改革以来，教材非常重视新课的引入，注重探究、思考活动的设计，所以教师要用好教材。最初我认为人教版 A 版教材必修 4 第二章《平面向量》的内容思路清晰，并不难教，只是概念多了。但学生认为恰恰相反，他们认为这章内容抽象，概念多而杂。在讲向量的加减法时，我在两个教学班尝试着作了一次对比，采用了两种不同的方式来切入。在一个教学班我呈现的方式是：按知识体系导入新课，然后直接给出向量和的定义，再讲解运算法则、运算律。在另一个教学班，我是从高一物理中"力的合成与分解"加以引入，突出了知识的物理意义。数学与物理的结合使学生产生了一种新鲜感和求知的欲望，很快就进入了一种积极的思维状态。这两种切入方式不同，表面上学生都比较容易接受，但通过作业反馈，后一个班的学生对概念的掌握较好，对两个法则的特殊情况理解得较透彻。所以，从物理引入数学不会使学生感到陌生，反而使学生感觉到理科知识间的关联性，感受到数学学习是有意义的，从而激发了他们学习理科的兴趣。

第二，分析教材，整合知识，培养学生良好的数学思维品质。

学生对数学不感兴趣，有一个原因是感觉数学太难。有这样的感觉的原因是没能很好地建构起新旧知识之间的关联，因此我在教学的过程中非常注重知识间的整合。在传授知识的同时，彻底解决好"怎么想"和"为什么这么想"的问题，整合教材间知识可使学生顺利地解决新的数学问题。

（二）"怎么教"才是"有效的教"？

第一，课堂上要让学生相互"借势"，给足思考和讨论的时间。

我在课堂上"放开"学生，让他们的想法得以"张扬"。由于他们的才干在同学中得以展示，使他们产生了成就感，他们愈加深入思考、积极投入（这是符合青少年的心理需求的）。也恰恰由于学生不肯服输的年龄特点所致，课堂上会出现为一种解法相互据理力争的局面，从而也带动了其他学生学习的热情。我会把自己放在一个和学生平等的位置上，注意倾听学生的想法，努力创设一个师生之间、生生之间多向交流的平台，要把体验成功的快乐让给学生。

第二，善待学生的"意外"发现，捕捉思维的闪光点。

在课堂上经常会出现来自学生的"高招儿"，每每出现这种情况，我都对他们的求异创新进行鼓励与肯定。越来越多的学生敢说、敢做、敢于标新立异了。学生的发言一旦有错误，我就会带领其他学生认真剖析"错解"中的合理"成分"，予以充分肯定和赞赏，树立学生学习数学的自信。接着在其解法的基础上"补救"，让他从"跌倒处"爬起来，而不会不加分析就一概否定。学生的思维在课堂上得以充分的展示，适当呈现一些错误思维的暴露和纠正过程，能更好地优化学生的思维品质，使学生学到研究问题的真正方法。

二、让非智力因素更好地促进学生自主学习

情感因素是启动学生自主学习的关键，是很好地促进学生自主学习的一剂良药。动机、兴趣对引导学生自主学习很重要，由于学生年龄所致，情感因素也显得很重要。学生可能会由于先对教师产生感情，继而对他所教的学科产生感情。我总是以我对数学的热爱，对每一位学生的热爱感染我的学生。将尊重学生落实到尊重他的观点，理解他的暂时落后、暂时不会与不懂，最后上升到尊重学生的

人格。课堂上出现多种解法时，我会让学生自己比较、总结每种解法的优劣，选择适合自己、易于接受的方法。对学生的不同解法，无论对与错，都从思维方法上加以挖掘和扬弃，从不以自己的解法是最优解法自居，长此以往就形成了同学之间不互相嘲笑、有想法敢于沟通的良好课堂氛围，实现了课堂上的民主、平等、和谐。

注重培养学生的意志品质，利用"不讲"的艺术，达到促进学生自主学习的目的。数学是培养学生意志的学科，当学生求解那些对他来讲不太容易的题目时，他学会了败而不馁，学会了赞赏微小的进展，学会了等待灵感的到来，学会了当灵感到来后全力以赴。学生应该在学校的学习中尝尽为求解而奋斗的喜怒哀乐。高二第一学期所学的解析几何存在运算量大的特点，教学这部分内容时，我通常与学生共同审题，理清思维过程，归纳出思考问题的一般思维方法，然后给定时间让他们进行运算，去寻找优化运算的方法。如果老师讲得过多，学生就会减少思考的过程；如果老师代替学生运算，学生的运算能力就得不到很好的提高。这样既不利于学生学习成绩的提高，也不利于对其意志的培养。课下我会留一些"小尾巴"让学生自己去讨论、思考，留给学生"意犹未尽"的东西是课堂教学不容忽视的。

我认为，作为教师要对自己的工作充满敬畏，无论课堂内外都要始终把学生放在心上；要全身心地投入到和学生思维的沟通之中，让师生的思维融为一体。

（张辉）

自 白

张辉自画像

自我评价：善良、乐观、勤奋、有韧性，工作认真严谨，极具工作热情。

对自己影响最大的书：《给教师的一百条建议》《跟苏霍姆林斯基学当老师》《课堂中的逻辑味道》。

对自己启发最大的教育名言：教育的本质意味着："一棵树摇动另一棵树，一朵云推动另一朵云，一个灵魂唤醒另一个灵魂。"（雅斯贝尔斯）

教育教学观：通过数学知识这一载体，传达给学生一种数学学科的观点和思想。学生在数学课上学到的严密的逻辑推理能力、思考能力以及严谨规范的学习习惯，都将伴随他们的一生。

心目中的好学生：学生无所谓好与坏，从教 20 年，我最深刻的体会是"有教无类"，但我希望自己的学生是善思、坚韧、乐学、懂得分享的人。

心目中的好老师：对本学科肯于钻研，不断学习，能够对本学科的知识及教法有一定见解，并且能用自己的工作方式、态度对学生进行正面影响。一句话，就是真正做到："学高为师，身正示范。"

心目中的好学校：能让学生静下心来学习知识、学习做人的地方；让学生的个性得以彰显的地方；让学生乐学，教师善教、乐教的地方。

处理师生关系：教育学生没什么妙招，只要用真心、诚心、耐心、慧心面对学生，给学生的成长留有一定时间就行。

怎样战胜挫折和困难：保持乐观的心态，给生活以时间，注重过程，找准问题后加倍努力。

取得成绩的经验：真心投入、全力付出，也离不开学校、同事、家人的支持。

工作与学习的关系：用数学老师的话来讲：学习是工作的必要条件！工作之余我喜欢看书、听音乐，我认为这也是一种学习。

新课程主张"教是为了学"，教师不是传授知识的"救世主"，也不是主宰课堂的"超人"，而是学习活动的组织者、引导者、参与者。让学生参与教学是新课程实施的核心，要让学生积极参与、有效参与，这就与教师的教学艺术有直接关系。一个优秀教师的教学艺术，包含在教学中，服务于教学，在引导学生进行知识建构的同时，激发学生的求知欲，使学生形成积极主动的学习态度，体验学习的苦与乐，形成健康的情感、态度和价值观。

第三辑　最实用的教学艺术

1. 杨红：生活知识中长出的地理课

从 1984 年毕业于首都师范大学，她就没有离开过奋斗了 30 年的讲台；她曾获"北京市先进工作者""北京市优秀教师""北京市学科带头人""全国优秀科技辅导员""全国优秀中学地理教育工作者"等荣誉称号；除了教学，她还曾兼职北京市教育学会理事会理事、朝阳区教育学会理事会委员、朝阳区教育学会中学地理教育分会会长等职务。她就是北京市陈经纶中学地理特级教师杨红。

笑对人生，享受教书

杨红的地理课，生活味十足。

给人印象最深的，就是"很爱笑"的杨红把教地理当成了笑对人生的本源，用她自己的话说，她30年的教书生涯，奉献着，快乐着，享受着。

有人说：爱笑的人一般运气都不会太差。杨红简单的从教经历或许也证明了这一点。

从一名为了准备好教案而备受折磨的师范生，到一名连续十年把关高三教学、多年参与高考模拟试题命制的特级教师，杨红成长得很快，但并不是一帆风顺的。30年的从教生涯中，从踏上工作岗位开始，杨红不断地学习，不断地反思，再实践、再反思、再学习，这样一个良性循环的过程，使得她不断地汲取教师专业成长的营养，促进自身的专业成长。

当抛开所有的名利，把目光聚集在杨红本身，来审视一个平凡的中学教师成长为特级教师的过程，我们不难发现杨红在默默坚持着的可贵品质：反思和坚持。正是这种笑对人生的品格，让杨红在中学地理教育这片广阔天地中，与同事们一起，在前辈的指导下，学习做人、学教地理、学做研究者。不知不觉中，就奉献了30年，也享受了30年。

所以，做教师的日子里，杨红是忙碌而充实的，是幸福而快乐的，如果你见过她，一定会记得她那爽朗而充满阳光的笑声。（王鑫媛　刘一婷）

杨红课堂教学艺术之一：由常规课堂向生活课堂延伸

《常见天气系统》一课与日常生活息息相关，课程标准要求：运用简易天气图，简要分析锋面、低压、高压等天气系统的特点，教学设计采用常规课堂与生活课堂整合模式。

图 1　常规课堂与生活课堂整合设计课例框图

一、观察地理现象，提供学习素材

课前活动：学生观察 11 月 6 日—10 日北京地区的天气变化，收集北京地区天气预报和天气形势图，将收集到的天气预报信息（天气状况、最高气温、风向风力等）制作成表格或统计折线图，将生活体验转变为课堂学习的素材。

【教学反思】

"生活世界"是直观的、生动的、蕴含着丰富生活信息的世界。将学生的生活体验转变为生活化的学习素材，一方面引导学生学会运用地理的视角，观察生活中的地理现象；另一方面学生通过体验生活、观察生活建立起来的对"生活世界"的认识，形成的"生活概念"，既是学生学习地理的认知基础，也是学生探究意识的发展起点。

二、链接生活世界，延长学习链条

课堂活动：学生将收集到的天气预报信息制作成表格或统计折线图进行课堂地理播报，学习运用数理的方法和地理独特的图像语言表达他们观察到的生活中的地理问题——北京地区的天气变化。

表1　11月6日—10日北京地区天气预报　记录：高一（8）班　伍可以

时　　间	温　　度		天　　气
	最低（℃）	最高（℃）	
11月6日	8	17	有雾
11月7日	8	12	雾转多云
11月8日	3	6	阴转雨夹雪
11月9日	−2	3	中雪转小雪
11月10日	−4	2	阴转小雪

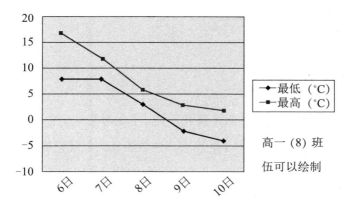

高一（8）班

伍可以绘制

图2　11月6日—10日北京地区天气变化过程图（学生绘制）

【教学反思】

常规课堂与生活课堂的整合，一方面将学生的生活体验转变为生活化的学习素材，延长了学习链条，学生需要学习地理观察记录、地理数据筛选等地理观察方法，学习相关要素分析、系统模型构建等分析方法，学习地理数理表达、地理图像表达等地理独特的表达方式；另一方面，受学生已有知识以及对问题思考深度的限制，由学生的生活体验转变而来的学习素材可能带有不全面性、不科学性和无效性等问题（如：学生下载的天气形势图，无论是从时间的选择上，还是从高度的选择上都不具备规律性、可比性），而这恰好为教师了解学生已有知识基础，寻找"旧知识"与"新知识"的教学衔接点，捕捉教育时机提供了条件。

三、探究生活问题，激发问题意识

课堂活动：学生对生活现象(中雪)具有浓厚的探究兴趣，提出了一系列问题，教师将学生提出的问题进行筛选并组合成问题链：

(1) 11 月 6 日—10 日最高气温逐渐降低的原因是什么？

(2) 怎样看天气形势图？这几天的天气形势图中有哪些天气系统？

(3) 这几天持续降雪主要是受哪种天气系统的影响？

(4) 天气形势图中天气系统的位置变化对这几天的天气变化产生了哪些影响？

【教学反思】

课堂学习是围绕学生的生活体验展开的，学生对生活现象（如中雪天气）具有浓厚的探究兴趣，这在学生心里造成一种悬而未决但又急需解决的求知状态，这种心理状态驱使学生积极思维，不断地发现问题、提出问题。教师根据课标要求以及学生的认知规律，对学生所提出的问题进行有效的梳理，将其组合成问题链，主导带动主体步步深入探讨问题，提高学生的思维品质，将常规课堂与生活课堂整合，提升常规课堂的探究质量。

四、借助生活实践，突破学习重点

课堂活动：学生通过观察五天的天气变化，形成对锋面天气系统的直观感受，在此基础上对冷锋过境前、过境时、过境后的天气变化进行理性分析，并归纳概括出锋面天气系统的特点。学生通过直观感受—理性分析—归纳概括的学习过程，自主建构、自主理解、自主运用，有效地突破了本节课的教学重点和教学难点。

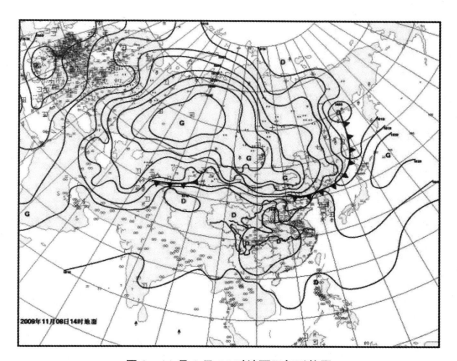

图3　11月6日14时地面天气形势图

【教学反思】

　　知识在实践中产生，在运用中完善。结合生活中的地理事物和现象，引导学生体验生活、观察生活，以地理的视角发现生活中的地理问题，用地理的方法尝试探讨和解决生活中的地理问题。学生在生活实践过程中，认识地理知识的真实价值，形成知识的应用和迁移能力；在主动探究过程中，完善地理的知识结构，提高地理的学习能力。（杨红）

杨红课堂教学艺术之二：由教师主导向师生"双主体"延伸

【课堂回放】

留有空白的活动设计：

课题：中国的可持续发展实践——以首钢搬迁为例。

课堂活动：读《一般钢铁工业生产过程图》（图4），依据可持续发展的基本内涵，为曹妃甸（新首钢）寻找一条可持续发展之路。

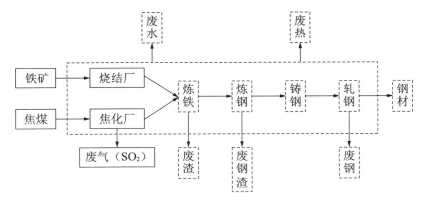

图4 一般钢铁工业生产过程图

（1）钢铁工业在生产过程中可能造成的环境污染有_____、_____、_____等。

（2）在图框中添加箭头或配套生产部门，将生产过程中产生的废弃物进行综合利用。将改造后的生产过程作为新首钢的生产发展模式。

（3）将改造后的生产过程与一般生产过程比较，从资源利用和废弃物处理两个角度，说出其突出的特点。

（4）指出可持续发展的内涵，并对应说明其在新首钢生产过程中的具体表现。

活动回放：在图框中添加箭头或配套生产部门，将生产过程中产生的废弃物进行综合利用。

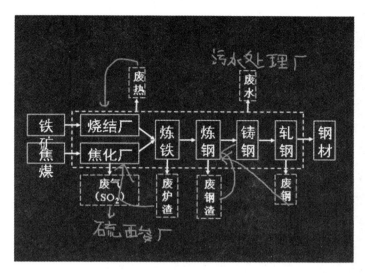

图5　高一（8）班学生绘图

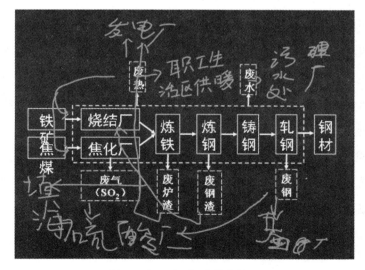

图6　高一（6）班学生绘图

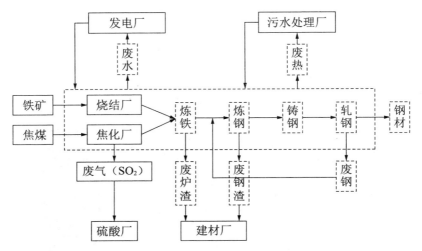

图7 曹妃甸（新首钢）钢铁工业生产过程图（师生共同修改）

【教学反思】

学案中有一个主题——寻找一条中国可持续发展之路，一幅图——《一般钢铁工业生产过程图》，一组问题，问题的梯度是：读《一般钢铁工业生产过程图》，发现问题；绘《曹妃甸（新首钢）钢铁工业生产过程图》，解决问题；析《一般钢铁工业生产过程图》和《曹妃甸（新首钢）钢铁工业生产过程图》，从而认识实施可持续发展的重要途径。

在这组问题中，引导学生探寻可持续发展之路的关键在于：在图框中添加箭头或配套生产部门，将生产过程中产生的废弃物进行综合利用。在学案设计上为学生留出大量的空白，设计意图是给学生小组讨论、绘图、析图留出思维的空间，为学生分析问题、解决问题搭建思维的通道。小组展示讨论的结果（图5、图6），由师生共同点评修改整理出《曹妃甸（新首钢）钢铁工业生产过程图》（图7）；在此基础上，对比分析《一般钢铁工业生产过程图》和《曹妃甸（新首钢）钢铁工业生产过程图》，并作深层次的问题讨论。

学生生活在北京，关心北京的环境质量，关心首钢搬迁对北京环境质量的影响，甚至关心首钢搬迁对河北省曹妃甸、对北京周边大环境的影响。在高一年级第一学期"北京首钢、河北曹妃甸社会实践活动"的基础上，学生非常关注"首钢搬迁与可持续发展"这一话题，渴望借助学科知识来解答心中的种种疑问。这为学生主动参与、主动探索、主动思考、主动实践奠定了良好的学习基础。

本节课就是在高一年级第一学期开展的首钢、曹妃甸的课外活动教学，以首钢搬迁为例进行原创性设计，补充鲜活直观的学习素材，挖掘活动素材中适合本节课课标要求的教学素材，替换教材中的案例，通过学生的主动参与、主动思考，落实本节课的课标要求——"领悟走可持续发展之路是人类的必然选择；举例说明协调人地关系的主要途径"，实施"双活动"教学研究。

课堂活动教学过程中，给予学生充分的活动时间和探讨空间，引导学生在《一般钢铁工业生产过程图》中添加箭头或配套生产部门，将生产过程中产生的废弃物进行综合利用，使其符合可持续发展的内涵，并以学生绘制的《曹妃甸（新首钢）钢铁工业生产过程图》为学习素材，比较分析《一般钢铁工业生产过程图》和《曹妃甸（新首钢）钢铁工业生产过程图》，引导学生主动探索、主动实践，共同探寻中国的可持续发展之路，使学生真正成为学习的主人，实现由教师主导向师生"双主体"延伸。

图5、图6为各班学生利用教学白板呈现的讨论结果，以此为学习素材深入探讨下列问题：将改造后的生产过程作为新首钢的生产发展模式，将改造后的生产过程与一般生产过程比较，从资源利用和废弃物处理两个角度，说出其突出的特点；指出可持续发展的内涵，并对应说明其在新首钢生产过程中的具体表现。这一设计的目的是培养学生的绘图读图能力、对比分析问题以及归纳总结问题的能力，培养学生的探究意识和创新精神。（杨红）

课 堂

杨红课堂教学艺术之三：由课堂活动向"双活动"教学延伸

【课堂回放】

高一地理必修1《地表形态的塑造》（活动类型：搜集并分析资料类）的课堂教学片段：

运用学生在四川汶川地震灾区野外科学考察时拍摄的景观照片和实地观察测量的资料，探讨高一地理"地表形态的塑造"，分析造成地表形态变化的内、外力因素，研究地质构造的地理意义。课堂教学引发学生对朝阳区建设与生存安全的探讨。

康跃同学：四川之行，让我更深入地理解了开学初的那份地理作业——以地理视角观察世界。我最初在四川只看到断裂的大桥、残破的建筑、倾斜的路面，通过相关知识的学习，我知道了这些自然之怒是地震断裂带造成的。通过表象看实质（即发现其形成的原因和造成的影响），这才是用地理的视角看世界。

张毅同学：通过参加野外科学考察活动，我们认识到了地震灾前的预防在于建筑业对地震断裂层的认识，认识到预防工作的重要，也许这些重任将落在我们的肩上。我有意在城市建设与防灾减灾方面作进一步研究。

张毅、王朝、黄爱杰同学提出作"学校操场"应急避难作用的调查与研究。

【教学反思】

让学生学会"发现、提出生活中的地理问题并探究和尝试解决生活中的地理问题"，必须有坚实的学科知识基础作后盾，即通过课堂的有效教学，才能使学生对地理表象观察得更加透彻、思考得更加深入，才能提升地理"发现"的学科敏锐度与问题的探究深度，才能发现和提出有"研究价值"的地理问题。课堂教学与地理实践活动有机结合是培养学生地理"发现"能力的重要途径。（杨红）

怎样有效将地理知识、技能整合进"生活世界"

我们生活其中的世界是地理科学的真正起源，在这里也生长着地理教育的根。通过教学实践与研究，我们提出了课堂活动教学与课外活动教学相结合的"双活动"教学模式，从地理课程的生活性、实践性出发，以学生的学科素养培养为目标，将地理知识和地理技能整合到"生活世界"当中，注重学习活动的实践性，注重学生活动的主动性，从而培养学生的探究意识和学科素养。

从地理教育的角度看，地理教育以人的生存和发展为主线，"为今日和未来世界培养活跃而又负责任的公民"。学生通过地理教育所获得的基本知识和基本技能，并不足以直接解决当今世界所面临的与地理有关的重大问题，但是学生通过地理教育所形成的健康的情感、积极的态度、正确的价值观，将影响未来公民的决策和行为，将促进未来社会的发展和进步。因而地理教育要使学生在"生活世界"中选择和学习终生受益的地理基础知识和基本技能，在"生活世界"中发展和增强地理学习能力和生存能力，在"生活世界"中树立和形成科学的人地系统的整体观和可持续发展的观念，从而实现地理课程的教育功能，使学生初步具备促进可持续发展和有效参与决策的未来公民的基本素质。

从地理学科的角度看，地理学是研究地理环境以及人类活动与地理环境相互关系的科学，"地理环境和人地关系的开放性特点决定了地理教学必须突出开放性和实践性"，必须从"生活世界"出发认识和解决"生活中的地理问题"。即将地理知识和地理技能整合到"生活世界"当中，形成开放式的课程平台，开展"生活中的地理"教学；并将地理问题放到"生活世界"中去思考和探究，形成实践式的学习平台，在实践过程中引导学生观察生活和发现"生活中的地理问题"，运用地理思想和地理方法认识和解决"生活中的地理问题"，形成知识迁移的能力，并以健康的情感、积极的态度、正确的价值观实现在"生活世界"中的实践和应用。这不仅体现了地理学科的教学特点，也是地理教学区别于其他学科教学的基本要求。

植根生活世界，认识和解决"生活中的地理问题"，是地理教育的使命。整合生活世界，由常规课堂向生活课堂延伸，体验和探究"生活中的地理问题"，是培养学生地理学科素养的有效途径。而将课堂活动教学与课外活动教学相结合的"双活动"教学模式，就是一种有效的教学方法。（杨红）

自白

杨红自画像

自我评价：个性特点为严谨认真，真诚待人。工作作风为主动学习，刻苦钻研，勇于实践，认真工作。生活态度积极开朗。

心目中的好老师：有爱心，博学，善于与他人交往。

心目中的好学生：会学习（掌握科学的学习方法），善思考（有良好的思维品质），能吸收（转化成自己的知识与技能）。

心目中的好学校：一所好的学校应该教学生学做真人，教学生学习真本领。

处理师生关系：严谨教学，亲和互动。

教育教学观：地理教育应以人的发展为主线，选择使学生终生受益的地理基础知识和基本技能，发展学生的认知能力、行为能力和创新能力，培养学生正确的地理观念和价值观念，使学生初步具备促进可持续发展和有效参与决策的未来公民的基本素质。

对自己影响最大的两本书：《地理教学论》《重新发现地理学》。

上过的最好的一节课：实践探究课《城市交通运输——东大桥十字路口的交通状况的调查与研究》。学生从自己的生活中发现问题，开展对东大桥十字路口的交通状况的调查与研究，从时间角度、空间角度提出问题，确定研究主题，自选研究伙伴，设计调查问卷，实地采访调查，分析调查资料，小组共同讨论，合作撰写调查报告。学生在实践、学习、创造中成为了各具特色的学习主体。

取得成绩的经验：学习、钻研、磨炼，青年的我在课堂教学的实践中成长；实践、反思、研究，成为骨干的我在教育科研的探索中进步；总结、创新、应用，成长的我在地理学科的建设中提升。

工作与学习的关系：不断地学习，不断地针对工作中的需求而学习，有益有效。学习为工作"补水""加油"。

2. 赵叶: 为"用"而教, 课堂常青

她主张"英语怎么用, 就怎么教; 英语怎么用, 就怎么学", 她除了当老师, 还是国家基础教育实验中心外语教学研究中心研究员, 全国优秀外语教师, 全国中小学外语教师园丁奖获得者, 主编和参编高中英语教学辅导用书 20 余册, 她主持的改革实验项目"ESL 教学与国家课程的整合"已经取得了显著成效, 正在推广应用。她就是北京市陈经纶中学英语特级教师赵叶。

印 象

绿叶长青

无论何时遇见，赵老师那灿烂的笑容总让你感到亲切。说到"特级"二字，赵老师还真特别。

首先，做事速度快，效率高。无论接到什么任务，别人还在计划什么时候做，而赵老师则会说：我的已经完成了。这源于她做事过程中的安静和专注。

赵老师是阳光的、质朴的，她的情感和付出让历届的学生和家长感到师恩难忘。每每谈起这些，她的脸上都是满满的自豪。她常常说："我总是看到他人的优点，这让我和他人都很幸福。"她特别善于鼓励学生，激发学生的潜能，课堂气氛融洽活跃。课下，学生更是喜欢围在她旁边，感受着那份正能量的激励。

赵老师对待年轻教师更是热情帮忙，精心指点。她经常说："老师能力提升了，教育质量提升了，才是我们师生共同高兴的事情呢。"朴素的话语，蕴含着对教育的深情。

从 2013 年开始，陈经纶中学英语教研组开始进行"ESL 教学与国家课程的整合"的改革试验。赵老师一边探索改革途径，一边将经验集结成册，先后编辑成学辅书籍，非常适合我校学情。

赵叶老师的生活和为人，也正如她名字中的"叶"字，平凡质朴如叶，安静大气如叶，勤劳奉献如叶。愿这片绿叶长青！（韩国凤）

课　堂

赵叶课堂教学艺术之一："领悟"，无声也高雅

2015 年北京卷完形填空题，在设计上融入对考生情感态度和价值观的正向引导，考生答题的过程就是潜移默化地接受教育的过程。

【课堂回放】

师：Today we'll share a story about how to get along well with our neighbours. Let's appreciate this passage and fill in the graph.

Title	A Welcome Gift	
Gist		
Plot	Clues / Events	Attitude / Feelings
Conclusion/ Moral lesson		
Your feelings after reading		

（15 分钟的阅读后，师生一起对文章进行赏析。）

师：What is the story about? Who'd like to share your idea with us?

生：The passage tells us a story about how to be a good neighbour. It all starts when Dario and his mother celebrated their moving into a new apartment by playing the piano at night. It, of course, disturbed the neighbours, one of whom wrote a note, complaining the noise. Later, after a careful thinking, they intended to hold a party, calling for the people in this community. Mrs. Gilbert brought a book of piano music instead of bringing flowers or desserts. After a friendly talk, Dario was happy to see the big smile on his mother's face.

师: Good! Well, what about the gist?

生: After disturbing the neighbours by playing the piano at night, the mother and son made an apology by holding a party, which gave them a feeling of warmth and made them feel that they were home at last.

师: Great! Well, let's deal with the plot and feelings.

生: The mother and son played jazz at night. They were happy, as they moved into a new apartment.

生: The neighbor wrote a note, complaining the loud noise at night. I think they felt annoyed.

生: They invited neighbours to a party in order to make an apology. I think they were busy with the preparation and also they were guilty.

生: A neighbour brought a book of piano music. From their conversation, she was friendly.

生: They had a peaceful talk. She suggested playing quieter music instead of forbidding them to play. She was tolerant.

师: Excellent! So it's clear that we've known the plot of the story. Who'd like to share your feelings with us?

生: From the story, we learn that we should try to live in harmony with our neighbours. Once we disturbed them, we must make an apology in time and try to compensate for it. Only in this way can we enjoy the warmth of the big family.

师: Now, it's time for you to write a few words to express your feelings after reading the story.

学生作品：

Today, I read a story about how to be good neighbours. The story is simple and easy to understand. From it, I recalled what I did in the past. I usually went home very late and opened or closed the door of our apartment loudly, ignoring the feelings of the people downstairs and upstairs. I remember one day at the weekend, I invited some of my friends to my home. After dinner, we did some singing and dancing until late into the night. Thinking about it now, I shouldn't have done that, and at least I should have made an apology to my neighbours. Today, after reading this story, I get to know that we should get along well with our neighbours and try to live in harmony with them. Only in this way can I enjoy the warmth of our big family. （通过阅读后的领悟，对自我心灵的剖析真实而深刻。）

【教学反思】

本教学片段亮点在于，通过对文本的学习，学生感悟到了邻里相处的诀窍。尤其是学习之后的写作要求，不仅让学生学会了运用语言，而且通过语言传递了邻里之间这个温暖大家庭"和谐、友好"的关系，无形中使学生感受到了社会主义核心价值观在生活中的体现。所以，本文标题"'领悟'，无声也高雅"切合本课的设计思路。（赵叶）

课 堂

赵叶课堂教学艺术之二："争辩"，不美也惬意

【课堂回放】

人教版 Module 8 Unit 2 *Clone*：*Where is it leading us?*

文章用问句作标题，让人产生一种疑惑并急于进行探究。上课时，老师没有马上让学生打开书本，而是用 PPT 在屏幕上呈现几幅与克隆有关的图，激发学生的兴趣。

学完之后，呈现一幅图：两个小孩，其中一个瞪着大眼睛对另一个说，"上帝啊！我被克隆了！"

师：Do you want to be cloned？What's your reason?

（讨论过程中，争辩声响彻整个教室。）

生：Personally I think I want to be cloned because cloning can bring many benefits to me. Firstly，if I have no time to do my homework，I will ask the cloned myself to finish my homework. Secondly，imagine that my families were ill and I have to go to school，I'll let the cloned myself look after them. Thirdly，if some day I am diagnosed with some kind of disease，which is very difficult to cure. Then the doctors can use the cloning technology to save my life. All in all，as I was saying，I'd like to be cloned.（观点陈述过程中曾被打断，笑声充斥着课堂。）

生：I hold the different view with him. In my opinion，I don't think I want to be cloned. My reasons are as follows. I can't bear the fact of being cloned. It's so horrible for me to know that there is someone the same as me.（反对克隆自己）

生：I partly agree with him. Although I don't want to be cloned, I think our society should encourage the development of cloning technology. The most obvious application of cloning technology is in medical field. Instead of waiting for the mercy of organ donors, you could replace your entire body with that of the cloned version of yours. In that sense, all diseases can be cured. So why not allow cloning? （不同意自己被克隆，但是主张巧妙利用这一科技。）

生：I think the cloning technology should be respected. I agree to clone the endangered animal and save them from dying out.（同意克隆濒危动物）

生：I'm not only disagree to be cloned but also disagree to clone others. I think the human right should be put in the first place.（不同意克隆）

生：I think cloning is a kind of new technology, and it should be accepted. We should take into consideration the effect of cloning. Of course, there is no denying that cloning grains, plants, trees, fruits and vegetables are available.（理性分析、看待克隆技术。认为对植物和作物进行克隆是没有争议的。）

【教学反思】

争辩的过程，固然使课堂显得无序。但是，从学生的辩论中可以看出，他们关注科技的发展，关注人类的进步。他们学会了运用已有的知识和生活经历，去构想未知的领域，去设想未来的科技进步和人类社会的发展。同时，也有他们自己的担忧和顾虑。这样运用已学知识，发散学生思维，培养学生思辨能力的课堂，不也一样让师生感到惬意吗？（赵叶）

赵叶课堂教学艺术之三：在"用"中学

精读 *2011 年高考试题 A 篇"I Went Skydiving at 84！"*

一、Pre-reading（读前）——激活思维

【课堂回放】

师：Suppose you are going to have a holiday, which sport would you like to take up?

生：I am interested in some kinds of sports, such as swimming, table tennis, tennis etc. If I have a holiday, I'd like to go to the beach with my friends to play beach volleyball, because I can relax myself.

师：A great idea. If you go there, so will I.

生：People around me have the idea that I'm fond of swimming and skiing. However, if I have a holiday, going to Harbin to learn skiing is the best choice. You know, I'm a southerner. I seldom see snow except when I go to North China. I'm looking forward to appreciating the thrilling experience in the snow.

师：I'm also expecting to do that. As a matter of fact, today's topic is "sports", and to be exact, "*I Went Skydiving at 84！*"

（提到感兴趣的话题，学生的思维被激活，争着表达自己的看法，课堂气氛活跃。）

二、While-reading（读中）——创新思维

【课堂回放】

师：Suppose that I'm going to learn skydiving, what advice would you like to give me?

生：You should listen to your instructor to throw yourself out of the plane.

生：Don't be afraid the moment you are out of the plane. Try to stay calm.

生：When you are in a free fall for about a minute, do remember to open the parachute immediately.

生：You'd better check the weather before you go skydiving.

师：Wonderful suggestions！ The first three pieces are based on what we've learned in the passage. And the fourth one is something new you get from your experience and real life. Any other advice?

生：You should get everything available, such as the suitable suit, shoes, gloves and so on.

师：Thanks for your consideration.

（学生结合自己的亲身经历和生活常识，把文中学到的知识灵活运用到情景中。）

师：Suppose that you are the instructor. The writer, a German, can't speak Chinese, and you can't speak German, how can you communicate with each other in learning skydiving?

生：Before the skydiving lesson, we can spend some time teaching each other some simple words or phrases.

生：We mustn't forget about the cultural difference, so we'd better "communicate" before the lesson.

生：Since we may have difficulty in communicating in language, we may use body language.

师：That's a good idea. Anything more?

生：Maybe she can speak English, and so can I. We can communicate in English.

师：Yes, we hope she can speak English. This way, we should learn English well. Am I right?（一方面让学生想方法去沟通，另一方面暗示学好外语很重要。）

三、Post-reading（读后）——发散思维

【课堂回放】

师：Suppose you've won a championship and are now being interviewed by a journalist, you share with him that you really gained a lot the first time you...（挑战性的环节。让学生在理解文本的基础上，结合亲身经历，表达成功时的喜悦。）

生：I still clearly remember the first time I made my own decision. It was summer vacation and I decided to take a part-time job. But my father was strongly against my decision. He was afraid it might hinder my study. I eventually persuaded him with the help of my mother. I told him that I had grown up and it was time for me to make my own choice and learn something from the real society.

师：I have had a similar experience. From then on, I found myself more confident and more capable of dealing with conflicts. First experiences are usually unforgettable. We should treasure them and always keep them in mind.

（这些思想性、哲理性的情景，使学生学习运用语言的同时，心灵也得到升华，思想境界得到提高，实现了社会主义核心价值观教育的"润物细无声"。）

【教学反思】

整个教学过程都是结合文本内容，以学生生活实际为出发点，发挥学生的想象力和语言交际能力，让学生有话可说，畅所欲言。本课的重点就是激发他们"表达"的欲望，提高他们的语言交际能力。（赵叶）

怎样打造有活力的英语课堂——红袖子对话赵叶

一、课堂重在调动学生的学习兴趣

红袖子：您在长期的课堂教学中体会最深的一点是什么?

赵　叶：课堂是学习英语的主阵地，要充分利用课堂这几十分钟。当然这几十分钟的利用，我认为，最重要的是调动学生学习的积极性，也就是兴趣。一旦有了兴趣，教学任务便会迎刃而解。

红袖子：那么您是如何调动学生的学习兴趣的呢?

赵　叶：调动学生的学习兴趣有很多种方法，我个人认为课堂上最有效的方法是教师一定要留给学生充分活动的空间、留给学生充分展示自己的机会。否则，课堂就不会生成有价值的东西。我们的课堂是为了培养人的思维、培养人的创造性。学生用语言去表达自己看法的过程本身就是一个创造性的过程。要让学生尽情表达，从而获得一种成就感。

二、"为'用'而教"

红袖子：据我了解，您的教学观中最重要一点就是"为'用'而教"，您是怎样坚持这种做法的?

赵　叶：有的老师认为，英语教学的"用"，就是让学生做练习。这个观点有点肤浅。我认为，英语教学的"用"范围很宽，包括交流沟通、阅读原著、用英语传播我们中华优秀文化等等。当然，学生做英语练习，不能排除在"用"的范围之外，这也当然是用英语进行思维的过程，用英语进行写作也是用英语进行创造的一个过程。

红袖子：您的学生观"在'用'中学"在教学中是如何体现的呢?

赵　叶：在"用"中学，也就是用英语做事。语言除了它自身的工具性，还有人文性、思想性，并且是一种文化载体。课堂上回答老师的提问，是学生运用英语的一个方面。但这是浅层次的"用"。为了达到更深层次的运用，同时调动学生学习的兴趣，我们还要想出各种各样的运用途径，让他们感知语言学习和运用的乐趣。

三、"'用'到实处"

红袖子：您刚才说，您在教学中不仅注重英语的工具性，还注重其人文性和思想性。这一点，您是怎么做的？

赵　叶：我们都知道，英语作为一门语言，应突出它的工具性。同时，还要兼顾其人文性、思想性和教育性。我把它总结为"'用'到实处"。"用"到实处，我指的一个是我们学英语的目的：一个是为了考试，一个是为了交流。考试，是不可回避的话题。那么，这就要求考试的内容贴近生活、贴近实际，全方位考查考生综合运用语言的能力，还要注重培养学生用英语传播中国优秀传统文化的意识。关于交流，这个话题回归到了语言教学的本质。交流包括口头交流、笔头交流、文化交流等。我们平时让学生为庆祝某个节日做的英文海报也是在用英语进行交流。这个交流是属于文化层面的。另一个"'用'到实处"，我指的是在课堂上的师生交流，老师所提的问题，应该相对来说是贴近学生实际生活的，不要问离学生生活太远的问题。

四、"一二三四五"打造活力课堂

红袖子：听您这么说来，您的课堂一定是有激情、有活力的课堂。那么请您谈一谈您的课堂教学模式。

赵　叶：我的英语课堂教学模式可以概括为"一二三四五"。一个抓手，那就是课标的要求。（培养）两种能力：交际能力和创新能力。三个步骤：听说读写的前、中、后。每个步骤该怎么去做，设计什么活动，用时多长，都要明确。四种形式："问答式"引入，"承包式"讨论，"采访式"呈现，"新闻式"总结。五项活动：lead-in（导入），presentation（展示），practice（训练），creation（创造），share（分享）。最后两项活动应该戒为课堂的高潮。创造阶段是启智性阶段，学生运用语言进行创造性思维和实践；分享阶段是为了让学生享受成功的喜悦，激发其他学生学习与展示的欲望。

红袖子： 难怪您的学生能考出这么优异的成绩。您这么用心去琢磨教学方法、教学模式和作业模式，想要达到的目的是什么？

赵　叶： 教得轻松，学得愉快，考得满意。（红袖子　赵叶）

自 白

赵叶自画像

自我评价：善良，有爱心，直率，喜欢独处。

人生格言：忍得住孤独，耐得住寂寞；挺得住痛苦，顶得住压力；担得起责任，提得起精神。

对自己影响最大的一句话：走自己的路，让别人说去吧。

对自己影响最大的书：《爱的教育》《给教师的建议》《叶圣陶教育文集》。

最崇拜的教育家其人其言：捧着一颗心来，不带半根草去。（陶行知）

教是为了不教，学是为了再学。（叶圣陶）

对自己启发最大的教育名言：授人以鱼，不如授人以渔。不愤不启，不悱不发。

教育教学观：回归英语语言教学的本质，发挥语言的工具性和人文性作用。英语怎么用，教师就怎么教，学生就怎么学。做到为"用"而教，在"用"中学，"用"到实处。

心目中的好老师：性格开朗，善于合作，敢于创新，坚守一线，成绩满意。

心目中的好学生：不为分数纠结，但求兴趣盎然。

怎样战胜挫折和困难：我遇到的最大困难来自 2011 年我的工作调动。为了进一步实现自己的教育梦想，我毅然离开了自己深爱着的家园，来到首都。经过无尽的挣扎，我反复体会着"鹰的重生"。我学着"飞到山顶，在悬崖上反复地磨、反复地撞掉自己的'喙'，等待着新'喙'的长出……"。

取得成绩的经验：我从小就把教师看作自己要为之献身的事业。我没有什么高深的理论，只是喜欢教书，因为这是我儿时的梦想，我爱它，也因此取得了成绩。

想对教师说的话：教师这个行业不是太阳底下最完美的职业，但是你还是可以做自己心目中最完美的教师。

3. 赵卿：“呆萌可爱”老师的实用地理课

执教以来，他有多篇论文获得北京市、朝阳区教科研暨教育学会论文评选一等奖，《中国的石油安全》等多个课例获北京市基础教育优秀课堂教学设计评选一等奖；主持教育部课题“宽带网络应用研究”子课题“基于课堂网络环境的学生研究性学习习惯培养研究”等；有《高中地理新课程有效教学创新设计》等多部著作；连续多年兼任朝阳区高考模拟试题命题专家组成员、地理教研员、科研员。他就是北京市陈经纶中学地理特级教师赵卿，北京市优秀地理教育工作者。

印 象

"呆萌可爱"的赵卿老师

赵老师给人感觉非常亲切，耐心且宽容，是学生的良师益友，呆萌可爱，深受大众好评！

赵老师的教学走超级实用风格，别具一格，边练边讲，活学活用。与众不同的网上作业和网上答疑体现了赵老师的与时俱进。他因材施教，逐一为学生答疑解惑是非常难得的，负责！他给予了学生自主的空间，让我们的学习更轻松高效。

赵老师热爱生活和工作，他喜欢旅行，能为地理课堂带来非常生动的来自各地的材料。他乐观宽容，和他相处很轻松亲切，自由且平等。

我认为好老师是这样的：教学水平高，能因材施教，对工作负责，有热情，可以和学生在生活中成为朋友。因为我认为这样的老师是有人格魅力的，可以让学生在学习和做人上都有所收获。

有同学因为高三压力特别大，情绪不好，找不到宣泄的出口，老师就和该同学聊天，可怜又勇敢地成为该同学的情绪垃圾桶。全心全意为学生服务，这样无怨无悔，好脾气又善解人意的老师还能到哪里找?！

老师每次都逐一批改网上作业，解答不同同学的疑问，工作量巨大。我们时常很晚交作业，老师就等着我们，陪我们一直熬到很晚。这样为了教学质量给自己巨大工作量的老师很稀少！

考不好的时候老师不会打击我，而总是鼓励我。他发给我的温暖的小短信我还留着！我有一次期末考得很好，老师第一时间发短信告诉我我的努力有了很好的结果，超级贴心！

工作之余的印象：好相处！冷幽默！照相的时候头总是特别大！（张海丽）

赵卿课堂教学艺术之一：巧借网络开展"双课堂"教学

【课堂回放】

高三一轮复习课：《防灾与减灾——自然灾害的救援与救助》。

教学涉及课标的内容：以一两种自然灾害为例，列举适当的应对方法或应急措施。

教学目标：通过地震灾害的自救措施讨论，选择应对自然灾害的正确方法或应急措施；通过地震避难的案例分析，让学生体验躲避自然灾害的方法，形成防治自然灾害的紧迫感。

教学过程：

1. 教师活动。

布置网络作业：情景为11月22日19点，家住居民楼二层的北京市中学生小明正在写作业，突然感觉到摇晃——地震发生了。

模拟地震情景，选择合理行动顺序：①蹲伏在角落；②靠近窗户站立；③拿上书包；④关火；⑤跳窗；⑥贴墙站立；⑦蹲在暖气管道边；⑧顺楼梯跑开；⑨钻到书桌下；⑩大声呼救。

2. 学生活动：在家中完成思考并发帖与其他同学交流结果。

3. 课堂讨论：列举典型案例，请学生说出排列顺序的依据。

4. 教师活动：请从10个选项中选出正确的选项并排序。

5. 师生共同总结，得出结论：①关火；②拿上书包；③蹲在暖气管道边；④蹲伏在角落；⑤贴墙站立。

【教学反思】

此项任务涵盖信息量大，需要的思维活动较多，任务本身也较难，如果在课堂上完成此项任务，将会花费很多的时间，影响正常教学任务的完成；而如果不展开讨论，学生的思维就会受限制于自己固有的想法，不能得到有效的启发，所以放置于虚拟课堂比较合适，这样学生通过自己的思考、发帖、讨论，作出比较，先期就能对自己的结论作出评判，尤其对于在课堂上不善于表达的学生，回答问题不像真实课堂那样紧迫，此种教学模式对于他们更为合适。

"网络环境下高中地理'双课堂'教学模式"（如图1），营造了一种新型教学环境，实现了既能发挥教师主导作用又能充分体现学生主体地位的以"自主、探究、合作"为特征的教与学的方式，从而把学生的主动性、积极性、创造性较充分地发挥出来，使传统的以教师为中心的课堂教学结构发生变革，整合出了适合新课程理念的教学模式，构建出学生自主学习的氛围，提升了学生的学习能力、学以致用的能力、与人交往合作的能力、自主创新意识。所以这样的教学方式互动性强，应用前景广阔。（赵卿）

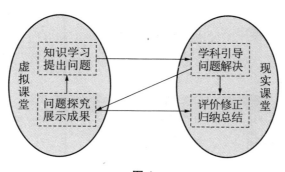

图1

赵卿课堂教学艺术之二：应用多种信息化手段提高学生课堂参与度

【课堂回放】

地理选修五，第三章《防灾与减灾》第一节《自然灾害的监测与防御》。

教学目标：

通过对 RS、GIS 网站的资料分析，举例说明 RS、GIS 在自然灾害监测和防御中的作用；学生通过在网络上的互动讨论，增强合作学习能力，增强交流能力，树立正确的人地关系观。

教学过程一：教师制作 IBOOKS（电子书）资源，应用台风网站信息（图 2）、RS 影像图等，演示 RS、GIS 在自然灾害监测与防御中的作用，学生总结 RS、GIS 的功能和特征。学生通过访问网站，得到台风运动方向、速度、规模、路径等实时、动态的信息，从而判断 RS、GIS 在其中发挥的作用。

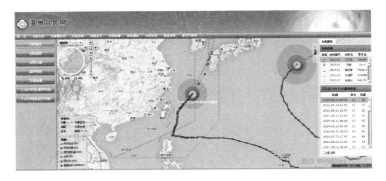

图2

【教学反思】

政府发布的网站资料权威性高，动态性好，而使用动态资料并且结合生活实际，把资料实时再现出来，符合新课标倡导的理念；学生通过独立操作，发掘所需要的重要信息，能很好地达到获取信息的能力目标；展示形式突出互动性，能更好地完成教学目标，实践证明，学生的专注度大幅度提高，回答问题的指向性很集中。

教学过程二：教师提供电子书资源，提供图片素材，创设情境。学生进行遥感图片（图3）判读：

1. 识认本图片中的河流、道路、村镇等事物。

2. 对本地区受灾后的状况进行描述、评估。

3. 巩固练习。遥感判读：如果你是一名救援人员应最先赶往哪里，并说明理由。堰塞湖遥感图分析：各河段将形成堰塞湖，哪个对下游的威胁最大？为什么？

教学过程三：教师提供测试平台；学生利用电子书自带的测试功能来实现测试目的（互动功能）。

图3

【教学反思】

如果按照原有的教学方式，遥感图像的清晰度不能得到保证，后排学生看不清黑板的图像，不仅严重影响学习效果，更没有办法进一步探讨救援等后续目标。使用多种信息化手段，例如电子书等教学方式，就可以解决这个问题；而电子测试平台（ITEACH）能实时反馈学生的答案和学生存在的问题，帮助教师及时改变教学进程，调整教学策略，提高教学效果。

新的技术也对教师的角色转换提出了更高的要求，教师不仅是知识的传授者，也是资源的提供者和组织者，课堂上不能以教师为中心，而更多的是要给不同层次、不同类型的学生提供学习资源，以学生的学习需求为中心。（赵卿）

赵卿课堂教学艺术之三：尊重学生个性发展，因材施教

借助微信、QQ、飞信等通讯工具，进行实时沟通、反馈，不让问题过夜，而是把疑问消灭在萌芽状态。

个案1：与某学生某次作业后沟通情况，如图4所示。

【教学反思】

获取知识一般都要经过略懂—存在疑问—基本懂了—小疑问—基本理解的过程，如果在中间的环节出了问题，必定会影响整个思维链的传递，影响理解的全过程，所以教师应当尽可能地想办法把每一位学生的问题了解清楚并且能够解决。学生的问题是多种多样的，这就需要突出个性化，所以"一对一"的形式就显得很必要了。

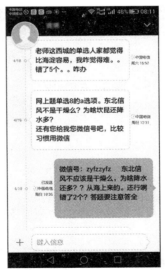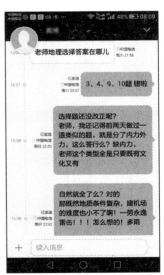

图4

个案2：借助网络平台等工具进行统计分类汇总。如借助"北京市数字学校"平台，把每一位学生的答案输入数据库，能够得出每一位学生的考试和练习信息（见图5）。

图5

【教学反思】

这样做的好处是能够准确掌握学情，利于教师备课，教师可以有针对性地讲解学生存在的共性问题，提高教学效率，提高教学的有效性，利于减负提质、满足个性化需求。

这样的数据库可以长期留存于电脑中，经过一段时期的积累，就形成了宝贵的数据材料，经过科学的统计分析后就可以应用于学生的个人情况诊断，清晰地显示出哪个知识块、哪个知识点、哪个考点存在问题，师生可以共同研究解决。这样的数据客观全面，是比较科学的依据。实践表明，将这种方式应用于高三学生考前备考，是很有效的。学生在高考前，可以把期中考试、期末考试、一模考试、二模考试的错误点排列出来，非常清晰。

实时反馈系统的应用，可以实时警示学生存在的问题，学生完成测试题目后，可以在第一时间知道自己的成绩状况、错误点，可以及时进行自我反思校正或者寻求同学帮助、咨询教师等，这样做能够使思维集中度始终保持在一个相对高的水平上，不至于被无关的事情干扰，提高关于知识掌握水平的自我认知度。（赵卿）

我的师生观、学科观、学习观

　　教育的观念决定着教学的方向，也影响教学的行为，我们只有想清楚为什么，才能决定下一步怎么办，所以我的师生观、学科观、学习观是这样的：

一、我的师生观

　　教师和学生是教学工作中存在的一对主体，相互依存、相互促进。学生在学习过程中难免会出现许多问题，这些问题也困扰着我们教师，给我们的工作造成许多困难。如果我们消极对待，学生的困惑会越积越多，难免形成恶性循环的局面，长期下去，教师的自信心也会受到打击，阻碍教师的专业发展。而如果我们从另一个角度来看，实际上，学生也为教师提供了研究不尽的素材。从这个意义上说，学生也是教师进步成长的一个重要因素。我们通过分析研究学生问题出现的条件、背景，并解决这些问题，来促进师生共同发展和进步，达到双赢的目标。

　　作为地理教师，我也常常思考，本学科能给学生的发展提供哪些帮助？我认为：从学科思维角度，应该能引导学生学会用地理学科特有的区域性和综合性的思维看待问题，使其掌握阅读地图、简化模型的技能；还应该承担起国情教育、环境教育的角色；最后才是具体的地理学科知识的传授。

二、我的学科观

　　主要是从学科的角度来俯瞰知识结构，梳理出我的地理学科体系，这样就能把在教学中、教材中出现的零散知识点归拢到一个有条理、有逻辑、层次清晰的体系中，非常有利于我进行下一步的教学设计工作。我构建的学科体系是这样的：

图 6　我的学科体系

地理学科观念、思想方法（核心概念）　位置与分布、地方（差异）、区域、相互作用、人与环境

地理概念、原理、规律

地理事实、现象、数据

哲学

第一层次：地理事实、地理现象随处可见，地理数据浩如烟海，要明确哪些是我们必须理解、领会的，哪些是我们不需要花费时间、精力去研究的，这是提高提质提效的基础。经过整理分析，许多诸如国家首都、矿产等事实性的知识，的确不需要花费更多的时间去关注，而应当把时间花在其他层次上。

第二层次：地理概念、原理、规律。它们是地理事实、地理现象的抽象和归纳、总结，掌握了这些原理、规律，就能解释说明更多的地理事实、地理现象。第二层次是在第一层次基础上的升华，教学生至少要到这个层次，才能脱离题海，摒弃重复练习的低效复习。

第三层次：地理学科观念、思想方法（核心概念），是基于地理学科的本质概括，主要是关于"位置与分布、地方（差异）、区域、相互作用、人与环境"的概念，抓住这个本质，上的地理课才有地理味道，才能从高站位上把纷繁复杂的地理现象归到合理的位置中，也才能实现地理思维的培养目标。

更上位的哲学层次，需要多学科的提炼，目前我还不具备这样的水平和认识。在这个层次上，重新认识现行的课程标准，就能有一个更好的理解。例如，课标为什么取消了原来的许多知识点而保留了一些知识点，或者增设了新的知识点？设置的能力和方法要求可以归在哪个层次上？在知识系统中如何设计课堂来体现课标的要求？……

三、我的学习观

第一，理论学习很有必要。这个认识源于我的课堂实践，当在课堂中遇到问题时，加强理论学习，能让我在科学的指导下，更有效地解决问题。下面举两个案例来说明。

学生经常忘记前面讲过的内容，如何巩固学习效果？多长时间进行复习才能更有效？对于问题其实不能凭空主观臆断，所以我查找了关于心理学"艾宾浩斯遗忘规律"的理论（如图7）。

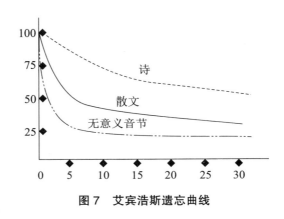

图 7　艾宾浩斯遗忘曲线

人的遗忘规律：一是在记忆的最初阶段遗忘的速度很快，后来就逐渐减慢了，即先快后慢。所以课前复习是必要的。我在复习的安排方面是有班级差异的，例如在一周的周期中，课间距最长的 5 班（隔 3 天），用默写、讲解等手段，所花费的时间稍多一些，而在课间距较短的 2 班（隔 1 天）则用口头提问等方式进行，花费的时间就少一些。二是比较容易记忆的是那些有意义的材料，而那些无意义的材料在记忆的时候比较费力气，记忆的理解效果越好，遗忘得也越慢。所以在教学设计时，应尽量突出结构化特征，引导学生读懂知识间的内在联系，争取把遗忘率降到最低。

再比如，以前在讲"正午太阳高度的变化规律"时，学生普遍反映难理解，对于这样的难点，我反思是哪个环节出了问题。学生不是不认真学习，而是努力地学，但是效果不佳，那一定是我的教学方法有问题。我回忆当时用的是讲授法，非常认真地讲了两遍，学生为什么还不能接受呢？我查阅了关于讲授法和体验法的规律，发现体验更偏重于学生自身的感悟，通过自己的实践熟悉事物，这样的理解更深刻、记忆的时间更持久。所以在后几轮的讲授中，我就采取了讲授法、体验式与互动启发式相结合来代替单一的讲授式，让学生自己设计模型，理解感悟并讨论交流，效果比之前有很大的提高。

所以，理论学习很有必要，而且一定要和实践相结合，在实践中去检验并不断反思。

第二，实践学习，主要是参加市区各级进修，听公开课、示范课、研究课等。

实践学习中，主动参与的态度非常重要。原来参加进修，我总认为主讲人也没有什么特别突出的新意，感觉收获不大。后来一次与教研员交流时，他提到"哪怕只有一句话对你有启发，这就是收获"。这句话对我的启发是最大的，以后再听各类报告时，我就努力从主讲人的角度来听讲，听他是如何组织架构、如何选取材料、如何表达的等等。这样不仅能听懂主讲人的结论和观点，更学习了他的思路，这样博采众长，对我的进步起到了很好的促进作用。（赵卿）

自 白

赵卿自画像

自我评价：个性平和低调，教风严谨，对待生活比较严肃，计划性较强。

对自己影响最大的三句话：严于律己，宽以待人。办法总比困难多。低调做人，高调做事。

对自己影响最大的书：《地理教学论》《地理学思想史》《论地理科学》。

对自己启发最大的教育名言：教育是一个逐步发现自己无知的过程。教育不是注满一桶水，而且点燃一把火。善于鼓舞学生，是教育中最宝贵的经验。

心目中的好学生：主动学习意愿强烈，能对自己的学习进程作出正确的评估，并不断修正错误或者不适合的学习方法。

心目中的好老师：心中装满对工作的热情，对学生真心地付出，对工作目标有清晰的认识，能找到实现目标的正确方法。

心目中的好学校：环境整洁，教学秩序井然，同事团结互助，学生积极上进。

处理师生关系：放下高高在上的优越感，真正做到与学生平等交流。

教育教学观：从学生中来，到学生中去。

上过的最好的一节课：《自然灾害的监测和防御》。以课题研究为突破口，经过课题组教师的综合研讨，设计了此课，其中特别突出现代化信息技术的使用，突出学生主体性，发挥平台的互动性优势，课堂的探究气氛浓厚；把课堂的主体地位还给了学生，代表了新的教学模式的发展方向。

取得成绩的经验：把有限的精力聚焦在教育教学工作中，看准了方向就要坚持下来。

工作与学习的关系：工作中也需要学习，学习能更好地促进工作效率的提高。工作之余，我最喜欢旅游，能够见识不同地域的人们如何认识周围的环境，如何发挥他们的聪明才智利用环境条件创造美好的生活。

4. 周明芝：她的数学课"芝"所以美

　　她循循善诱，注重学生思维能力的培养；她钻研教法，注重讲出数学的美。她有多篇论文获市、区奖，其中《数学文化在数学课堂教学中的魅力》被评为第三届"京研杯"教育教学成果评选一等奖；参与编写了《中学数学大全》《高中数学读本》《教学案例100篇》等书；在工作中多年担任班主任和备课组长，获区"阳光杯班主任"等荣誉。她就是北京市骨干教师，北京市陈经纶中学数学教师周明芝。

印 象

"芝"所以美

第一次在数学课上听到"美"这个词，我们都哄堂大笑，那些枯燥的公式、定理、练习题，跟"美"有什么关系呢？但是在周老师的课上，她给我们展示了一片新的天地：数学概念、规律、方法的统一美；轴对称、中心对称、平面对称等的对称美；数学结构、方法、形式的简单美；数学公式的简洁美、和谐美……她总能用生动的语言、形象的课件、精心设计的板书，在课堂上娓娓道来，让我们感受数学美，欣赏数学美。

她在课堂上总是让我们跟随她在一个个的问题情境中，不由自主地去思考、讨论，遨游在思维的海洋之中。面对我们的困惑、疑问，她微着带我们去寻找答案；面对我们的成功、收获，她微笑着和我们一起分享。

她用火一般的情感温暖着每一个同学的心房，她不是演员，却吸引着我们的目光；她不是歌唱家，却让知识的清泉叮咚作响，唱出迷人的歌曲；她不是雕塑家，却塑造着一批批学生的灵魂……

她在我们心目中很美，因为她一直用爱经营着爱的事业，用思考回答着思考留下的问题。（牛星）

周明芝课堂教学艺术之一：问题引导，水到渠成

【课堂回放】

《定积分的概念》一课中，教材借助求曲边梯形的面积和物理中变速直线运动的路程，通过直观具体的实例引入定积分的学习，让学生初步掌握求曲边梯形面积的方法和步骤：分割、近似代替、求和、取极限；借助几何直观体会"以直代曲"和"逼近"的思想，学习归纳、类比的推理方式，体验从特殊到一般、从具体到抽象、化归与转化的数学思想。

这节课的难点在于对"以直代曲""逼近"思想的形成过程的理解，为此，我在引入情景后先提出了问题：如图1，阴影部分类似于一个梯形，但有一边是曲线 $y = f(x)$ 的一段，我们把由直线 $x = a$，$x = b\,(a \neq b)$，$y = 0$ 和曲线 $y = f(x)$ 所围成的图形称为曲边梯形。如何计算这个曲边梯形的面积？

在后面的教学环节中设置了一系列问题：

（1）温故知新，铺垫思想。

问题1：我们在以前的学习经历中有没有用直边图形的面积计算曲边图形面积的例子？

问题2：在割圆术中为什么用正多边形的面积计算圆的面积，且逐次加倍正多边形的边数？

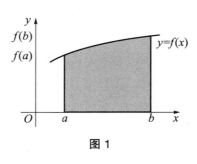

图1

（2）类比迁移，分组探究。

问题3：能不能类比割圆术的思想和操作方法，把曲边梯形的面积问题转化为直边图形的面积问题？

（3）汇报比较，形成方法。

学生进行汇报、交流，得出不同的分割方案（如图2—4）。

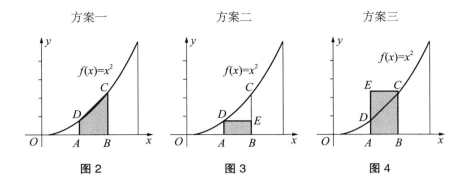

图2　　　　　　　图3　　　　　　　图4

问题4：请比较不同方案的区别，哪种方案既实现了"以直代曲"和"无限逼近"，又便于实际操作？

（4）特例应用，细化操作。

例1：下图（图5）中阴影部分是由抛物线 $y=x^2$，直线 $x=1$ 以及 x 轴所围成的平面图形的面积 S。

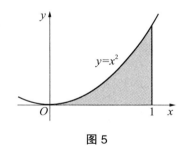

图5

问题1：为了逐步减小误差，需要对曲边梯形进行分割，具体怎样分割？

问题2：对每个小曲边梯形如何"以直代曲"？

问题3：如何得到整个曲边梯形的面积？

问题4：直边图形的面积怎样才能越来越接近曲边梯形面积的准确值？能否得到准确值？

问题5：用每个小区间的左、右端点的函数值 $f(\frac{i-1}{n})$ 和 $f(\frac{i}{n})$ 作为近似值计算曲边梯形的面积得到的结果相同，如果用每个小区间任意一点的函数值作为近似代替，是否也可以求出曲边梯形的面积？结果是否一样？

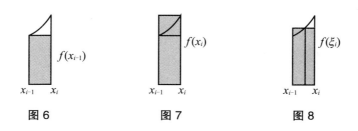

| 图 6 | 图 7 | 图 8 |

问题 6：回顾整个过程，你能概括出求这个曲边梯形面积的方法吗？

问题 7：对于一般的由直线 $x = a$，$x = b(a \neq b)$，$y = 0$ 和曲线 $y = f(x)$ 所围成的曲边梯形的面积应该如何来求？

由于分割和近似代替的方案在前面一个阶段已经解决，问题 1—3 主要引导学生在特例中对方案进行细化操作，初步经历分割、近似代替及求和的过程。问题 4 是为了完成从近似值到精确值的转化，这也是本节课的难点之一。为了突破这个难点，教学中用图形、数表和取极限三种方式引导学生经历从直观到抽象的过程。问题 5 引导学生借助几何直观发现曲边梯形的面积与近似代替在每个小区间上选取的点无关。问题 7 引导学生发现一般的曲边梯形与由直线和曲线围成的特殊的曲边梯形相比，只是区间和函数不同，解决问题的方法和步骤是完全相同的。进行从特殊到一般的推广，实现从具体到抽象的提升。

【教学反思】

这是一节概念教学课，难点是对"以直代曲""逼近"思想的形成过程的理解。"教师之为教，不在全盘授予，而在相机诱导。"这是叶圣陶先生告诉我们的教书之道。在备课时我反复思考学生思维上的凝滞点，用问题引导的方式让学生积极思考，课堂上让学生亲身经历求曲边梯形面积的探究过程，借助几何直观体会"以直代曲"和"逼近"的思想，学习归纳、类比的推理方式，体验从特殊到一般、从具体到抽象、化归与转化的数学思想。我在本节课的情景创设中设计了四个问题，在例 1 中设计了七个贯穿始终的问题作为教学主线，这些问题找准学生的思维最近发展区，激发学生探究的兴趣，引导学生探求新知。（周明芝）

周明芝课堂教学艺术之二：发展思维，百发百中

【课堂回放】

师： 向量具有"数"与"形"双重身份，加之向量的工具性作用，向量经常与数列、三角、解析几何、立体几何等知识相结合，综合解决三角函数的化简、求值及三角形中的有关问题，处理有关长度、夹角、垂直与平行等问题以及圆锥曲线中的典型问题等。大家来看看下面这道题：

例题：（2013 年重庆理）在平面上，$\overrightarrow{AB_1} \perp \overrightarrow{AB_2}$，$|\overrightarrow{OB_1}| = |\overrightarrow{OB_2}| = 1$，$\overrightarrow{AP} = \overrightarrow{AB_1} + \overrightarrow{AB_2}$。若 $|\overrightarrow{OP}| < \dfrac{1}{2}$，则 $|\overrightarrow{OA}|$ 的取值范围是（　　　　）

A. $\left(0, \dfrac{\sqrt{5}}{2}\right)$　　　B. $\left(\dfrac{\sqrt{5}}{2}, \dfrac{\sqrt{7}}{2}\right]$　　　C. $\left(\dfrac{\sqrt{5}}{2}, \sqrt{2}\right]$　　　D. $\left(\dfrac{\sqrt{7}}{2}, \sqrt{2}\right]$

生： 向量的问题用几何法比较简洁，能否用几何法试试？

师： 可以，大家先根据条件试一试。

（由于题目条件比较复杂，很多学生都碰到了困难。）

师： 由 $\overrightarrow{AB_1} \perp \overrightarrow{AB_2}$ 可知点 A 在以 $B_1 B_2$ 为直径的圆上，而 $|\overrightarrow{OB_1}| = |\overrightarrow{OB_2}| = 1$，则说明点 B_1、B_2 在以 O 为圆心，以 1 为半径的圆上，由 $\overrightarrow{AP} = \overrightarrow{AB_1} + \overrightarrow{AB_2}$ 得到点 P 在以 $\overrightarrow{AB_1}$、$\overrightarrow{AB_2}$ 为邻边的平行四边形上，由 $|\overrightarrow{OP}| < \dfrac{1}{2}$ 知点 P 在以 O 为圆心，$\dfrac{1}{2}$ 为半径的圆内。

先画出以 O 为圆心，半径分别为 $\dfrac{1}{2}$ 和 1 的两个圆，在半径为 1 的圆上画点 B_1、B_2。再以 $B_1 B_2$ 为直径作圆 M，在圆 M 上取点 A，作平行四边形 $AB_1 B_2 P$，则点 P 也在圆 M 上（如图 9）。

因为 $\overrightarrow{OA} = \overrightarrow{OP} + \overrightarrow{PA}$，所以当点 A、P、O 三点共线时 $|\overrightarrow{OA}|$ 取到最值。又因为

$|\overrightarrow{OP}| < \dfrac{1}{2}$，故如图 10 中，当点 P 在点 E 或点 F 处时，$|\overrightarrow{OA}|$ 取到最小值，连

接 OB_1，在 $\triangle OB_1P$ 中，$\cos\angle OPB_1 = \cos 45° = \dfrac{OF^2 + B_1F^2 - OB_1^2}{2OF \times B_1F}$，而在

$\triangle B_1MP$ 中，$|MF| = \dfrac{1+\sqrt{7}}{4}$，所以 $|\overrightarrow{OA}|$ 的最小值为 $2 \times \dfrac{1+\sqrt{7}}{4} - \dfrac{1}{2} =$

$\dfrac{\sqrt{7}}{2}$，因为 $|\overrightarrow{OP}| < \dfrac{1}{2}$，所以 $|\overrightarrow{OA}| < \dfrac{\sqrt{7}}{2}$。如图 11 中，当点 P 在点 O 处

时，$|\overrightarrow{OA}|$ 取到最大值，因为 $|OB_1| = |OB_2| = 1$，所以 $|\overrightarrow{OA}| = \sqrt{2}$。综上，

$|\overrightarrow{OA}|$ 的取值范围是 $(\dfrac{\sqrt{7}}{2}, \sqrt{2}]$。

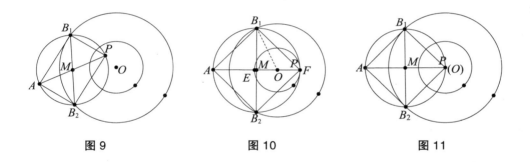

图 9　　　　　　　　　　图 10　　　　　　　　　　图 11

师：上述方法就是解法 1——几何法。此题中的四个条件都互相关联，顺利
　　地将它们对应的几何关系翻译出来，并找到动点之间的对应关系是解题
　　的关键。

生：构造太巧妙了！但我不一定能想出来，还有别的方法吗？

师：可以试一试基底法。利用平面向量基本定理，可以考虑选择一组基底表
　　示所求目标，再利用题目条件进行求解。

生：可以先用条件 $\overrightarrow{AB_1} \perp \overrightarrow{AB_2}$，可是选择哪两个向量作为基底呢？

师：题目中有 3 个起点为 O 的向量 $\overrightarrow{OB_1}$、$\overrightarrow{OB_2}$、$\overrightarrow{OA}$，你有什么想法吗？

生：可以试试将 $\overrightarrow{AB_1}$、$\overrightarrow{AB_2}$ 用这 3 个向量表示。

（通过学生的尝试、讨论，最终得出了正确解法。）

师：在此方法中，基底的选择是解题的关键，除了不能共线，还要结合题目条件和图形特点。

师：是否还有别的解法？

生：有点儿难，我再想想……

师：条件 $\overrightarrow{AB_1} \perp \overrightarrow{AB_2}$，能否抓住垂直，建立直角坐标系呢？

生：哦，当然可以，我来试一试！

（学生思考，讨论，教师加以提示，得出了解法3——坐标法。）

师：若条件中能找到两条互相垂直的直线，则可以这两条直线为坐标轴建系，用一个变量表示点的坐标，再将目标表示为此变量的函数，将问题转化为函数的值域问题。

师：此题中由于题目条件较多，因此设的变量较多，在条件转化时要仔细观察变量之间的关系，灵活求解。大家能总结一下此题所用的方法吗？它们各有什么特点？

（师生共同总结：三种方法相比较，坐标法思路清晰，但当要设的变量较多时，问题往往转化为条件最值问题，此类问题需要较强的观察与运算能力，而基底运算是坐标法参量较多时的另一选择。利用向量的概念、运算的几何意义，构造图形解决问题，这也是命题者编题的源头，所以往往能事半功倍。）

【教学反思】

学生经常会有这样的困惑：为什么老师在解题时分析总是百发百中，无往而不利，而自己做题时就老会碰壁，有时还会陷入"死循环"？因此，解题教学时，我们要做到每解一题都使学生明白两点：一是怎么解，二是如何想到这样解。特别是第二个问题的解决，更有助于学生分析问题、解决问题能力的提高。只有经常展示解题方法的获取过程，才能真正解决"学生一听就懂，自己做就不会"的问题，让学生把学习活动变成自己的精神需求，从而优化课堂教学过程，提高教学效率。（周明芝）

周明芝课堂教学艺术之三："趣味"教学，寓教于乐

教学是一门艺术，教学最忌照本宣科。在教学活动中，学生是学习的主体，教学过程也是学生的认识过程，只有学生积极地参与教学活动，才能收到良好的效果。我在教学过程中特别注意自己的言谈举止以吸引学生，并在组织教学的过程中，努力创设情境，激发学生的学习兴趣，调动学生学习的积极性，使枯燥、抽象的数学课时常变得富有情趣。

一、精心设计新课导言

在学习新课时，教师往往要有一个导入新课的开场白，这种开场白往往为教师表现出教学内容的趣味性提供契机。

案例一：学习二分法时设置如下生活实例：在一个风雨交加的夜里，从某水库闸房到防洪指挥部的电话线路发生了故障，这是一条长 20 km 的线路，如何迅速查出故障所在？

如果沿着线路一小段一小段地查找，困难很多，每查一个点都要爬一次电线杆，20 km 大约有 200 多根电线杆。想一想，维修线路的工人师傅怎样工作最合理？ 以实际问题为背景，从学生感觉较简单的问题入手，激活学生的思维，使学生产生再创造的欲望。

二、精心设计课堂问题

人的思维是由问题激发的，一个好的问题能使思维得以产生、维持和深入，是点燃学生思维火花的火种。古人云，"学起于思，思源于疑""疑是思之始，学之端"。学生学习的过程就是发现问题、分析问题、解决问题的过程，因此在教学中教师要把"问题"作为教学的出发点，精心设计、巧设问题，提出带有启发性

和挑战性的问题，引导学生去思考、去发现，使学生进入"心求通而未通，口欲言而未能"的境界。

案例二：在讲二面角的性质时，教师问："一个二面角的两个半平面分别垂直于另一个二面角的两个半平面，则这两个二面角的大小关系如何？"这时，大部分学生受到平面几何中类似定理的影响，会答道："相等。"教师肯定地说："错了。"接下来，教师向学生演示互补模型，学生又答："相等或互补。"教师说："又错了。"此时学生大惊。教师再演示反例的模型，学生顿时恍然大悟，得出了这两个二面角的大小关系不能确定的结论。

如此设置问题，让学生带着问题去学习，调动学生的学习兴趣，从而激起了思维的浪花。一个切入点恰当、角度新颖的问题有利于突出重点、突破难点，能够揭示学生在认知活动中的矛盾，激活学生的思维，培养学生的问题意识，引导学生产生探究的欲望，提高数学课堂教学的效果。

三、精心设计课堂试验

中学生对数学"实验"有着浓厚的兴趣，在课堂上做一些数学"实验"能使教师真正改变"传授式"的讲课方式，使学生动手与动脑相结合，更加突出学生的主体地位，使其体验知识的形成过程。

案例三：在"平面基本性质"的教学中，可以设计如下：

教师先让学生取出一支笔和一个三角板（纸板也行）。

问题1：谁能用一支笔把三角板水平支撑住，且能绕教室转一周？

此时，所有同学的兴趣都调动了起来，并开始尝试，但都失败了。

问题2：谁能用两支笔把三角板水平支撑住吗？

学生尝试，结果还不行。

问题3：那么用三支笔可以吗？

通过实验发现，用三支笔可以。

那么你能从中发现什么规律呢？

通过三个点的平面唯一确定。

问题4：任意三个点都可以吗？

教师把三支笔排成一排，发现无法支撑住。

问题 5：那么我们添加什么条件就可以确保能撑住呢？

绝大部分同学都认为要添加"不共线"这一条件。

这样的教学，完全是学生的发现而不是教师的强给，通过让学生动手实验，调动了学生强烈的求知欲，使之主动地、自觉地加入到问题的发现、探索之中，符合学生的自我建构的认知规律。（周明芝）

数学文化的魅力

当学生离开学校后，哪些数学知识还能派上用场？数学中是否有某种共同的东西可以让每个人都终生受益呢？我以为，那就是数学的文化内涵。它体现在数学的文化价值上：用数学的悠久历史展现数学文化的丰厚背景，激发学生的民族自豪感；用数学的广泛应用来感受数学文化的博大精深；用数学的美学价值展现数学文化的无穷魅力，从而激发学生的学习热情，坚定其学好数学的信心。

作为教师，如何在教学中对学生进行数学文化教育，体现数学文化的价值呢？

一、在教学中引进数学史

数学史首先被看作理解数学的一种途径。数学史对于揭示数学知识的现实来源，引导学生体会真正的数学思维过程，创造一种探索与研究的数学学习气氛，对于揭示数学在文化史和科学进步史上的地位与影响进而揭示其人文价值，都有重要意义。如在讲立体几何的多面体欧拉定理时，给学生讲数学家欧拉的生平及数学成就；在讲球的体积公式时介绍祖暅的成就并比较对此公式进行推导时中西方数学思想方法的差异；等等。这不仅有助于学生了解各国数学家令人神往的成就及其为科学事业献身的精神和不同寻常的经历，更重要的是了解数学惊心动魄的发展历程，探究先人的数学思想，有助于学生掌握数学发展的规律。

一般来说，在课堂教学中结合教学内容讲解数学史，可介绍以下几个方面：数学知识的来源和背景；数学思想方法；数学欣赏；著名数学家的故事及成果等。

二、用数学文化创设课堂情境

情境教学是使非智力因素在教学活动中发挥积极作用的一条有效途径。通过课堂教学环节的巧妙精心设置，创设丰富多彩的教学情境，能激发学生的学习积极性，帮助他们在自主探索和合作交流的过程中，真正理解和掌握基本的数学知识与技能、数学思想与方法。

具体来说，可以用数学名题、科学事件、生活实例等来创设课堂情境。比如在学习"杨辉三角"时，可以以网页的形式将贾宪三角图、朱世杰的古法七乘图、帕斯卡三角图、杨辉三角与二项式定理展开式中二项式系数的关系等呈现出来。

三、渗透数学之美

数学是自然科学的皇后，是数和空间的组合，是科学与艺术的结合，是思维的体操。代数的简洁，几何的优雅，逻辑的严密，可以让人充分领略数学之美。学习数学不仅仅要能理解、会运用，还要懂得欣赏它的奇异、和谐、简洁、美丽。

人造卫星、行星、彗星等由于运动速度的不同，它们的轨道可能是椭圆、双曲线或抛物线，这几种曲线的定义如下：

到定点距离与它到定直线的距离之比是常数 e 的点的轨迹，

当 $e<1$ 时，形成的是椭圆；

当 $e>1$ 时，形成的是双曲线；

当 $e=1$ 时，形成的是抛物线。

常数 e 由 0.999 变为 1，或者变为 0.001，变动很小，形成的却是形状、性质完全不同的曲线，而这几种曲线又完全可看作不同的平面截圆锥面所得到的截线。

椭圆与正弦曲线会有什么联系吗？做一个实验：把厚纸卷几次，做成一个圆筒，将这一圆筒斜割成两部分，如果不拆开圆筒，那么截面将是椭圆，如果拆开圆筒，切口形成的即是正弦曲线。这是不是很玄妙、很奇异、很美？

在进行课堂教学的时候，我们应该不断地搜集资料，尽量地在课堂上融入数学美的思想，学生在老师的不断渗透下，会慢慢品味到其中的美感，会由衷地赞叹数学之美。

当数学文化的魅力真正渗入教材、到达课堂、融入教学时，数学就会更加平易近人，数学教学就会通过文化层面让学生进一步理解数学、喜欢数学、热爱数学。让数学教育帮助每一个人有更多的沉淀和积累，作为他个人文化底蕴不可缺少的一块基石伴随他的一生。这就是数学文化在数学课堂教学中的魅力。（周明芝）

自 白

周明芝自画像

自我评价：率真乐观，严谨细腻，把教学当成一门艺术来研究。

对自己影响最大的一句话：得之坦然，失之淡然，顺其自然，争其必然。

对自己启发最大的教育名言：教是为了达到不需要教。（叶圣陶）

心目中的好老师：博学多才，德才兼备，具有人格魅力；能因材施教，有爱心，有微笑，有幽默感，能与学生和谐相处；能运用赏识激励教育，激发学生创造的火花。

心目中的好学校：应该具有鲜明的办学特色，而又在整体上具有独特、稳定、优质的个性风貌，着眼于学生的终身发展。

心目中的好学生：健康、好学、有爱心、有一定特长。

处理师生关系：理解、尊重、宽容、平等。

教育教学观：学生在课堂上的学习是一个探究、发现知识的过程，数学的知识、思想、方法是由他们自己主动构建起来的。

对自己影响最大的三本书：《怎样解题》《什么是数学》《几何画板实用范例教程》。

取得成绩的经验：自己不断努力、持续追求的结果。

工作与学习的关系：学习的目的是为了充实自我、促进工作，没有刻苦学习、孜孜追求的精神，是很难应对各项工作、胜任工作职责的，只有通过学习，才能更好地完成工作。

5. 朱丽珍：朴实老师的生动地理课

她渴望让学生在课堂上感受地理的魅力，用地理的眼光看世界，用地理的心思考问题；她多次承担市区级研究课任务，参与北京市 BDS 的录课任务；她参与了北京市初中地理教材和教参的编写工作；曾获得北京市地理教学基本功比赛一等奖。她就是北京市陈经纶中学地理教师朱丽珍，北京市地理骨干教师，朝阳区地理学科带头人。

印 象

朴实朱丽珍，生动地理课

朱丽珍的朴实，体现在她"老老实实做人，踏踏实实做事"的工作态度上，更体现在她的教学理念上。

她认为地理学的是生活知识，地理教学一定要结合生活实际，教给学生"对生活有用的地理"。她坚持把地理教学中的抽象知识设计成简单化、生活化的教学内容。她用实实在在的态度指导学生，教学生学以自己的生活为基础，实实在在地去了解身边的一切，在生活中感情自己的魅力。她坚持让学生自己去发现，在地理课上动起来。为了让学生获得第一手资料，她亲自设计《远足观察手册》，亲自带领学生去当地采集样本，亲自制作实验用品，引导学生亲自动手得出结论。

她的课朴实却不失幽默风趣。她经常用朗朗上口的顺口溜教学生在地图上识记中国政区，学生兴趣盎然；她带领学生用自己的双手当教具，认识各种地形；她精心设计每一节课的导入部分，用兴趣将学生迅速引进课堂；她及时抓住社会热点，从地理角度进行分析，引导学生用地理的眼光去看世界。

她是一个朴实的老师，努力创造着生动的地理课堂。（张雅硕）

朱丽珍课堂教学艺术之一：地理课上育人

《日本》一课的课堂要求中指出："运用地图和其他资料，联系日本的自然条件特点，简要分析因地制宜发展经济的实例。"为从日本的发展中找到我们可以借鉴的内容，我选取了日本文化这个点。

【课堂回放】

师：大家看到，日本文化中有东方文化的内容，那日本文化中的中国文化是什么时候从中国学走的？

生：唐朝。

师：为什么唐朝时日本要到中国来学习中国文化？

生：因为唐朝时期中国是最强盛的国家。

师：那日本文化中的西方文化是向哪些国家学习的？

生：向欧美学习的。

师：什么时候向欧美学习的？

生：日本的明治维新时期。

师：那时候为什么不向中国学习呢？

生：那时中国落后了。

师：你们看出日本文化形成过程中有什么值得我们学习的地方呢？

生：谁先进就向谁学习。

师：如果说日本是我们的对手，那我们该向日本学些什么？

生：学习日本善于向别人学习。

师：如果我们勇敢地向我们的对手学习，那我们也会变得强大。那请大家想一想，我们还可以向日本学些什么？

生：学习日本产品质量很好，不粗制滥造。

生：日本人素质很高。

生：日本防震意识、抗震设施很好。

……

师：日本有这么多优点值得我们去学习，那相信大家长大后根本不会拍出那些白痴化的抗日神剧了。（有的学生会心一笑）

【教学反思】

地理教学并非单纯的地理知识和地理技能的传授，更要通过地理进行情感态度与价值观的培养。这就需要教师深入挖掘教学中的教育因素，增强教学的育人功能。

本节课通过对日本文化的学习，引导学生思考：作为我们对手的日本有值得我们学习之处，只有虚心向别人学习，才能真正让自己变得强大。

对于初中阶段我们选取的五个国家，每一个国家都像日本一样有值得我们或学习借鉴，或吸取教训之处，挖掘出这些对学生有触动的内容，地理学科的教育价值也就体现出来了，否则只能停留在仅仅了解这些国家的层面上。（朱丽珍）

朱丽珍课堂教学艺术之二：让地理课动起来

【课堂回放】

　　上《北京的水资源》一课前，我拿着一大瓶子染色的水、一个量筒、一个只有5毫升的注射器进入了教室，学生看到这些东西时，有的很兴奋，有的很好奇，不知今天老师带这些东西进入教室要干吗。

　　师：大家看到这些，肯定知道了我们要讲的内容与水有关。但大家知道地球缺水吗？

　　生：缺水呀。

　　师：地球缺水到什么程度呢？我们一起来看看地球上的水体都存在哪些形式，这些不同水体的比重又是多少。请看这个地球不同水体种类以及占总储量比重的表格。你们看看，地球上最多的水体是什么？

　　生：是海洋水。

　　师：海洋水目前可以作为淡水资源使用吗？

　　生：不能。

　　师：既然不能，请将它划去吧。再看看储量第二多的水体是什么？作为淡水资源，是保留还是划去？

　　……

　　师：你们在划去的过程中，有什么感受？

　　生：水资源太少了。

　　师：我们继续看，这些有限的水资源到底有多少呢？请大家来做取水实验。

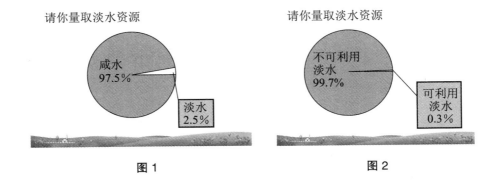

请你量取淡水资源　　　　　　　　　请你量取淡水资源

咸水
97.5%　　　　　　　　　　不可利用
淡水
淡水　　　　　　99.7%
2.5%　　　　　　　　　　　　　　可利用
淡水
0.3%

图1　　　　　　　　　　　　　　图2

（1）出示地球淡水资源和咸水资源比例的扇形图，请学生结合数据用注射器取出淡水。

（2）出示地球上可利用淡水和不可利用淡水比例图，请学生从刚刚取得的淡水中取出可利用的淡水资源。

【教学反思】

地理知识和技能对学生一生来说是非常重要的，所以教师在设计教学时，要注重设计让学生乐于参与的课堂活动。

本节课通过划去不能利用的水体、注射器取水的小活动，让学生真真切切地感受到了地球的水资源是如此稀少。接下来的活动学生都非常积极地参与了进来，对于北京的水资源短缺情况更是积极参与讨论。我相信他们在这节课中一定有所收获，而这收获得益于开头设计的小活动。（朱丽珍）

朱丽珍课堂教学艺术之三：让学生自己发现

【课堂回放】

1. 引入主题。

上《澳大利亚》一课时，教师先出示图片，展示"澳大利亚的圣诞景象"，让学生慧眼辨真假。（目的：激发兴趣，使学生立刻进入上课状态，立刻感觉到我们要学习一个与众不同的国家。）

2. 继续出示图片《大脑我最强》（图3）。

面积：769万平方千米　人口：2335万（2014年）

图3　大脑我最强

出示图片让学生结合自己已有的知识储备，自己发现澳大利亚的位置、范围乃至国旗反映的信息，这部分内容的教学并没有采用传统的教师指导学生读图，师生一起学习的方式，而是引导学生去自主发现，体验自己获得知识的甘甜过程。

【教学反思】

让学生结合已经掌握的一些地理知识，运用地理读图能力，借助"大脑我最强"活动，通过讨论自己去发现澳大利亚的基本信息。按照学习金字塔理论，教师讲授，学生记住率仅为5%，学生自己阅读，记住率为10%，而学生自己讨论，记住率达到50%。在讨论中学生全部掌握了澳大利亚在位置范围上的诸多与众不同。学生自己发现的效果远远超过教师引导的效果，并且使学生很有成就感。这种成就感会促使学生更加积极地参与到课堂中来。

3. 问题我发现。

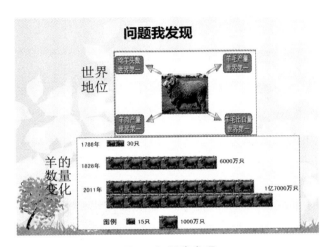

图4　问题我发现

出示图片（图4），首先让学生自主发现：这幅图片要呈现的信息是什么？能得出什么结论？再让学生针对自己的结论，进一步思考，从而提出自己想探究的问题。

【教学反思】

结合资料，让学生自己提出问题，大家共同的问题就是本节课大家一起探究的问题。在这个环节中，进一步培养学生"课堂主人"的意识，让学生明确课堂是学生的课堂，课堂问题是大家的问题。

4. 问题我探究。

针对自己提出的问题，结合已有的地理问题解决方法，提出解决问题的思考途径。

【教学反思】

针对各小组提出的问题，全班归纳出共同的问题，这个共同的问题就成为本节课大家一起探讨解决的问题。在大家分组探讨之后，由小组代表进行汇报，这种汇报形式实质上就是学生将知识内化之后讲给别人听。

《澳大利亚》一课全部围绕着学生自主发现信息、自主提出问题、自主探究解决问题而展开，让学生成为课堂的主体，做课堂的主人，学会观察，学会交流，学会表达。（朱丽珍）

初中地理教学中不能忽视概念教学

在地理概念教学上存在的主要问题有：一是淡化概念教学，学习概念时教师只是一味地把概念强行灌输给学生，让学生死记硬背，而忽视了学生对概念本质的理解；二是弱化地理概念教学，遇到需要学习的地理概念，试图仅仅通过举例呈现概念的结论，概念发现的过程被简化、肢解甚至取缔；三是很少关注学生已有知识和经验对地理学习的影响，导致学生无法透彻理解地理概念。以往种种教学都无法使学生真正掌握地理概念，不利于科学地理知识系统的形成，为今后的学习设置了障碍。

面对以上问题，我尝试着结合初中生的心理认知特点，利用概念之间的同化关系进行初中地理概念教学，找到初中地理概念教学的有效方法，通过概念教学培养学生的逻辑思维能力。

一、演绎推理同化天气和气候概念

天气和气候两个概念属于上下位关系，学生们常听说天气这个词，对于气候这个词则听得较少，为帮助学生准确建立气候概念，可以利用天气概念演绎推理气候概念。具体操作如下：

1. 请学生进行现场天气播报。结合天气各因素，依据自己观察到的、感受到的对当时室外的天气状况进行现场播报。让学生初步感悟到天气是短时间内的大气状况。

2. 出示某日2时、8时、14时、20时的气温读表，请学生读出这四个时刻的温度，引导学生观察，这四个时刻的温度是不一样的，再次强化天气是短时间内的大气状况。

3. 请学生计算这一日的平均气温，再依次计算这一个月的月平均气温、这一月的多年月平均气温。

4. 请学生说出这多年的月平均气温的概念该命名为什么。（大多学生顺利地说出是气候）

5. 依据上面的演绎过程，请学生按照自己的理解，说说什么是天气，什么是气候。在学生归纳的基础上，教师再给出严谨的天气和气候的概念，请学生辨析这两个概念的本质区别。

6. 出示词语，辨析哪些描述的是天气，哪些描述的是气候，验证学生对气候概念的掌握程度。

7. 结合学生的生活经验，利用北京四季图片，描述北京的四季气候特点，引导学生归纳出气候的两个重要因素是气温和降水，再次从因素上认识天气和气候概念的区别。

在天气和气候的从属关系中，气候属于上位概念，天气属于下位概念。对于天气概念，通过创设情境请学生对当时的天气进行播报，读出一天中四个时刻的气温，通过这些具体的学生已知的原有经验，引导学生理解天气是短时间内的大气状况，再通过依次计算日均温、月均温、多年月均温的过程，演绎推理出天气的上位概念——气候。在演绎推理气候概念过程中，通过对原有的直观感性的天气的迁移，演绎出抽象的气候概念，经历了计算、分析、比较等思维过程，对抽象的气候概念有了感性认识。

二、抽象概括同化聚落概念

对于学生而言，城市和乡村景象是直观感性的材料，可以借助学生生活中的这些感性的经验，抽象概括出聚落概念。具体实践如下：

1. 出示一组关于农村和城市的图片，这都是人们集中生活的地方。说说这些地区的共同点。

2. 引导学生说出都有很多房屋、医院、超市、道路等，这是供人们生活的地方，农村的农田和城市的一些场所是供人们生产的地方。

3. 概括出聚落概念，就是人们各种形式的居住场所，包括房屋、生活设施和生产设施。

4. 说说我们帝景小区都有哪些生活设施和生产设施。

这里，各种房屋、医院、道路等是学生感性的下位经验，通过对这些下位经验的概括同化得出抽象的聚落概念。

三、认知冲突同化出农村和城市概念

在学生的已有生活经验中，城市就是高楼林立、交通发达、商业设施齐全的景象，农村就是人口居住比较分散、商业点比较小的景象，学生只关注到这些表面景象，而忽视了农村聚落和城市聚落的本质差别。因此在城市聚落和农村聚落概念教学中，就要注意学生的这种认知特点，通过认知冲突同化出城市聚落和农村聚落概念。设计如下：

1. 出示城市和农村的图片，请学生结合经验，判断出是农村还是城市，并说出判断的依据。这个环节，学生多会说出城市高楼大厦众多，交通四通八达等，而农村房屋比较低矮，交通不如城市发达，商业设施是小卖店等。这是学生原有的认知。

2. 出示江浙一带现代农村的图片与城市景观进行对比，引导学生观察现代农村的别墅群居住条件明显优于城市，也有宽阔的公路，再请学生找出城市和农村的最大区别。通过现代农村的图片，引发学生的认知冲突，启发其观察农村和城市的最大差别。农村别墅群的背景是成片的农田，这里的人们主要的经济活动是围绕农业进行的，而城市的主要经济活动是工商业等。

3. 尝试说出农村和城市的最根本差异。农村就是主要从事农业活动的人们居住的场所，而城市主要是从事工业、商业等的人口居住的场所。可以看出农村和城市的根本差异是居民从事的生产活动。

4. 让学生尝试自己说出农村和城市的概念。

在农村聚落概念的同化过程中，用江浙农村的景象与同学们对农村已有的认知进行对比，创设认知冲突，达到同化农村概念的目的。

四、利用同化关系进行初中地理概念教学应注意的问题

1. 借助直观感性材料，引导学生理解掌握概念。

初中学生的抽象思维虽然日益占据主要地位，但在思维过程中具体形象的成

分仍然起着重要作用，他们的思维很大程度上还是经验型思维，抽象思维需要经验的直接支持。鲁宾斯坦说："任何思维，不论它是多么抽象多么理论的，都是从分析经验材料开始，而不可能是从任何其他东西开始的。"由于地理概念是抽象的，教师在概念教学时要给学生提供各种直观教具和生动形象的描述，必要时还要有实地观察，以丰富学生的感性认识，引导学生在感性认知基础上，从直观具体到形象思维，再通过比较、分析、归纳、综合、概括等上升到理性认识，发展到抽象思维，从而达到理解、掌握地理概念的目的。

2. 演绎推理同化概念过程中，理清概念之间的逻辑关系。

由奥苏伯尔的有意义接受学习理论可知，要使学生有意义地同化新概念，新概念必须具有逻辑意义，学生的认知结构中必须具备同化新概念的适当知识。在演绎推理同化地理概念教学中，首先要明确概念之间的逻辑关系，搞清概念的来龙去脉和学生的认知发展规律。在这种概念同化过程中，培养学生的逻辑思维能力。

3. 创设认知冲突情境，同化概念。

学生在学习地理之前的学习和生活环境是有差异的，在潜移默化中形成的前概念也不尽相同，这些前概念，有些是正确、科学的，有些是错误的，而错误的前概念根深蒂固地存在于学生的头脑之中，会导致学生学习困难，这给教学带来了巨大挑战。基于此，教师通过了解学生已有的前概念，合理创设认知冲突情境，让学生在认知冲突中否定错误的前概念，最终构建科学的新概念。

总之，我们在平时的教学中要重视概念的教学，了解学生的已有认知结构，寻找概念与概念之间的关系，在学生原有概念的基础上同化新概念，这样不仅能使地理概念的教学起到事半功倍的效果，更重要的是对培养学生的抽象思维能力具有很大的作用。（朱丽珍）

自白

朱丽珍的自画像

自我评价：善良，豁达，乐于助人，有团队精神。对于别人的求助，非常愿意尽自己的力量去给予帮助。

对自己影响最大的一句话：老老实实做人，踏踏实实做事。

对自己影响最大的三本书：《过去的中学》《第 56 号教室的奇迹》《教有智慧的地理》。

最崇拜的教育家：陶行知、魏书生。

对自己启发最大的教育名言：学高为师，身正为范。

教育教学观：学习对生活有用的地理，学习对终身发展有用的地理。

心目中的好老师：好的地理老师应当爱生活，爱地理，能够用幽默风趣的课堂牢牢吸引学生，让学生喜欢上地理课。

心目中的好学生：有强烈的求知欲，敢质疑老师，最后一定能超越老师。

心目中的好学校：好学校应能处处体现学校的文化底蕴和教育的温馨，让学生徜徉其中受到美好的人文熏陶，感受教育的幸福。

师生关系：如能形成亦师亦友的师生关系，就是老师最大的成就。

取得成绩的经验：我认为一方面是因为我自己对地理教师这个岗位的热爱；另一方面是因为我善于向大家名师请教，借助别人的力量提升自己。

工作与生活的关系：工作的最终目的是为了更好地生活，快乐地生活可以促使我们更加快乐地工作，工作和生活便是组成人生的两条线，缺一不可。

业余爱好：爱看书，偏爱侦探间谍类书籍。而在大假期时，更爱出去旅游，我的雄心壮志便是走遍中国每一个值得去的地方。

想对教师说的话：每一个孩子都有优缺点，努力挖掘每一个孩子的优点，将孩子的成长置于教师的个人利益之上，少些浮躁与功利。

一个好老师，一定会将自己的教学特色通过独特、鲜明的教学个性表现出来。一个教师的个性化意识越强，个性教学主动性越明显，就越能有效地进行指导教学。当一位教师形成了自己的教学风格和个性，并能将模式化教学进行活化，提高教学的审美和趣味性，就能实现教学艺术个性化的升华与美化。

第四辑　最个性的教学艺术

1. 张洁：单口"说"政治课的老师

她不断学习新课程的教育理论，认真研究新教材，不断摸索新的教法，努力使自己的教学行为适应新课程改革的需要。多年来，她一直担任朝阳区政治学科兼职教研员，多次上公开课、研究课；多次参与教学辅助资料编写，先后编写人民教育出版社的《文化生活》教案、《国家与国际组织常识》教师教学用书等；曾获"北京市优秀教师""全国特色教育优秀教师""北京市先进工作者"等荣誉称号。她就是北京市陈经纶中学政治特级教师张洁。

性情中人张洁

我一个人眼中就有无数个张洁。

一、超级相声演员

专业的相声演员，出名的都是两人搭档，她却选择了"单口相声"。专业的相声演员，要苦练说学逗唱，还难得观众一笑。而她单凭一个"说"，便让我们的腹肌处于高度活跃的状态。当然，她的说不是瞎说，侃不是胡侃，她说的侃的是时事新闻，是校园轶事。专业的相声演员，两人最多说 20 分钟，而她一个人说 40 分钟却还意犹未尽。她让政治课变得如此不同，让人久久地回味那个在讲台上、在课桌的缝隙间手舞足蹈、声情并茂的她。

二、精明强干的女强人

精明强干是说她那精干的身材和那一双虽然小却散发着智慧光芒的眼睛，更是说她把所有事都安排得井井有条，把每一项任务都完成得干净利落的能力。也许张老师表面上嘻嘻哈哈，但我能看得出她背后的认认真真，一丝不苟。

三、性情中的老北京

她有北方人的特点，豪爽，热情，高兴时开怀大笑。每次去她的办公室都不会空手而归，都会被塞满了香蕉、苹果之类的好吃的。

她发起脾气来也如狂风暴雨，全班顿时鸦雀无声。

如此性情中人，让人觉得真实、可爱。（程艺佳）

张洁课堂教学艺术之一：营造开放的学习环境

【课堂回放】

《经济生活》第二单元第五课对企业作了比较全面的介绍。教材指出企业是市场经济活动的主要参加者，是国民经济的细胞，也重点介绍了公司经营成功的因素。有的学生就提出："所有成功的企业都是按照这些因素经营的吗？还有没有其他的因素？"还有的学生提出："现实生活中我还真不知道企业到底是怎么经营的，跟书上讲的一样吗？"可见学生对于企业怎样经营的问题是很有兴趣的。基于学生的需求，我们利用寒假期间组织学生以小组为单位自主选择一个企业，对该企业进行深入的调查。

学生们采访的企业类型众多，有北京饭店、北京焦化厂、沃尔玛等。在课堂上，我让学生进行了汇报总结。

采访北京饭店的同学说："我们在 CBD 周围游荡，尝试一次次失败，濒临绝望，不敢前行。我们辗转来到长安街上，想要进行最后一搏。来到北京饭店，我们下定决心，走到前台询问并向工作人员进行了自我介绍，工作人员在百忙之中为我们安排了时间进行采访！我们初步成功了！"

采访北京焦化厂的同学在活动总结中说："像这样的采访活动，平时参加得太少了，所以这次采访显得手忙脚乱，不知所云。因为自己在采访前的功课做得不是很到位，准备并不是很充分，导致进度缓慢……凡事都有第一次嘛，没什么经验。我们要多总结经验教训，将以后的采访任务完成得更好。"

【教学反思】

本次"走进企业"的社会调查活动，从调查对象的确定、调查内容的选择，到调查总结的撰写，都是学生亲力亲为的。学生们对各类企业的经营有了更加感性的认识，再与教材知识融会贯通，使他们对企业有了更深层次的了解。当然在调查中学生们也遇到了一些困难，他们有些灰心，但是并不气馁，最后都顺利完成了任务。通过开展社会实践活动，学生的实践能力、沟通交流能力、创新意识和能力都得到了锻炼和提高。

高中政治是一门理论性、抽象性较强的学科。很多学生认为政治课的概念晦涩难懂、原理深奥难解、观点捉摸不透，不仅难学、难记、难解，而且也显得空洞乏力，令人难以置信，从而使学生产生厌学和抵触情绪。解决这一问题办法很多，其中一种就是通过开展社会实践活动让学生把所学观点与政治、经济、文化生活结合起来，用所学知识解释社会现象，解决实际问题，感受到政治知识可信、可用，从而达到活学活用政治理论的目的。（张洁）

张洁课堂教学艺术之二：以生为本

【课堂回放】

《经济生活》第四课的第一框题是《发展生产，满足消费》。在学习这个框题之前，我让学生进行了自主预习，然后令他们提出感到困惑的问题，我再围绕着学生的这些问题进行教学设计。

学生提的问题主要有：

1. 是先有对产品的需求再生产然后消费，还是先生产再有需求然后消费？

2. 为什么人类的历史是生产发展的历史？

3. 为什么说消费对生产有重要的反作用？什么叫反作用？

4. 关于消费，如果说消费是被动的，那真的实现不了主动消费吗？

5. 只有生产出来的产品被消费了，这种产品的生产过程才算最终完成。生产为什么只有被消费才算完成？

6. "生产为消费创造动力"中"动力"的概念如何理解？

7. 消费为什么能够提高劳动力的质量？

教学环节一：

问题：是先有对产品的需求再生产然后消费，还是先生产再有需求然后消费？

师生、生生共同合作，答疑解惑，引出"生产决定消费"这一知识。

通过展示2012年我国互联网普及率的提高和网民规模数量的增加，深化学生对生产决定作用的认识。

学生举例：生产决定消费的四个表现。

教学环节二：

问题："生产为消费创造动力"中的"动力"的概念如何理解？

师生、生生共同合作，答疑解惑。

展示资料：

资料1：乔布斯说，大多数时候，你没有把设计给用户看之前，用户根本不知道他们想要什么。

资料2：2005年宣布新教皇本笃十六世上任时，使用智能手机的用户相当的少；2013年宣布教皇弗朗西斯一世上任时，下面的人们几乎全都是用苹果设备来进行拍摄。

资料3：2013年9月20日苹果5S及5C在北京发售，苹果王府井店"果粉"排队购买。

以上资料说明生产为消费创造动力。

教学环节三：

问题：为什么说消费对生产有重要的反作用？什么叫反作用？消费为什么能提高劳动力的质量？

展示资料：

资料1：2012年我国电商服务业整体成交约2000亿元，说明消费拉动经济增长，促进生产的发展。

资料2：十年间中国网络游戏出版产业已发展成为直接市场规模超过400亿元、带动相关产业收入超过700亿元、消费人数上亿的巨大产业，说明消费对生产的导向作用。

学生通过iPad查阅资料，明确劳动力的概念和文化消费能够提高劳动力素质，说明消费为生产创造出新的劳动力，能提高劳动力的质量，提高劳动者的生产积极性。

【专家评析】

教师先让学生对"生产与消费"中的内容进行预习，在预习前，教师不是任由学生随便地看看书，而是给了一个学习资料包。学生在预习中，有了问题，到资料包中寻找解决问题的钥匙。如果还不能解决，就提出疑问，发给教师，教师再根据学生的问题，进行教学设计。

由于教师创设了开放性的让学生自主探索的学习环境，学生的认识过程得到充分的展开。学生提出的这些问题，让教师惊喜地发现，一是学生对学科观点的深刻理解，对学科概念、非学科概念有学习的需求；二是学生对于在不同地方出现的相同词语，有辨识异同的需求。从学生的问题中，我们既可以看到学生对学科概念和关系概念的学习有渴望，又可以看到学生在学习过程中澄清思维纠结的渴望，还可以具体看到学生的"认识过程"、学习困惑的真正指向。（陈红）

张洁课堂教学艺术之三：上出政治课的味道

2015 年 5 月 13 日，在北京市教育科学研究院基教研中心举办的"北京·西藏政治学科网络听评研究课"活动中，上展示课《味道》。拉萨北京实验中学、北京市顺义牛栏山第一中学、北京市陈经纶中学，两地三校学生同时听课。

【课堂回放】

教师提问：过去对食物的评价只有好吃、不好吃之分，是没有味道一说的。到了近代，"味道"这个词才用在食物上。"道"字暗藏了很多玄机。请同学们思考：道是什么？味中的道又是指什么？

学生回答略。

教师归纳：道是道理、真理的意思。味中的"道"包括人们获得食材的方式和态度以及享用食物的方式等。概括来说，就是"人与食物的关系"。

环节一：

学生思考：《舌尖上的中国》提出，"不时不食"是中国人饮食最重要的特征。如何理解"不时不食"？

教师归纳："不时不食"讲的是吃东西要应时令、按季节。这个"时"，可以是时间，也可以理解为季节、节气等。从时间角度看，在上古时期采取的是两餐制，相当于现在的早饭时和晚饭时，这与"日出而作，日落而息"的生产作息制度相关。汉代以来，一日三餐的习惯逐渐被民间采用，既有利于生产，也有利于生活。在我国许多地区四季分明，不同时节有千姿百态的美食。比如吃烤鸭必须在合适的季节里，季节不好则会影响口味。顺义同学介绍的槐花饼也不是四季都能尝到的美食，每年 5 月槐花飘香的时候，才能吃到新鲜、上好的槐花饼。

"不时不食"就是顺应四季变化的饮食，也顺应了人体自身在四季的养生需求，展现了传统中国人对自然的依赖以及人与自然的和谐。

环节二：

学生讨论：各地聚餐方式有什么特点？中国人为什么喜欢这样的聚餐方式？

教师归纳：在中国，最常见的就餐方式是大家团团围坐，共享一席。美味佳肴放在桌子的中心，既是一桌人欣赏、品尝的对象，又是一桌人情感交流的媒介。人们相互敬酒、让菜、劝菜，体现了人们之间相互尊重、礼让的美德。它符合我们民族"大团圆"的普遍心态，反映了人与人的和谐，体现了中国传统文化中"和"的理念。

环节三：

从人和食物的关系，我们可以看到人与自然的和谐，人与人的和谐。过去讲是天人合一，现在我们讲就是和谐。不难看出，传统思想在继承中不断地向前发展。五味调和的最佳存在方式是平衡，这不仅是中国历代厨师不断寻求的完美状态，也是中国人在为人处事、治国经世上所追求的理想境界。

学生思考：老子说"治大国如烹小鲜"，这句话是什么意思？

教师归纳：治国的最高境界，就是要掌握火候，油盐酱醋各种调料要恰到好处，不能过头，也不能不到位。所以老子把"调和鼎鼐"和"安邦治国"相提并论。

【同行评析】

这节课是关于《文化生活》中"传统文化的继承"的教学内容。从课的导入，到教学过程中的"品味—回味—寻味"，再到这节课的结尾，我们都可以感受到传统文化这条主线贯穿于课堂的始终。这不是一节美食评析课，而是一节有知识支撑的、有"文化味道"的政治课。

这节课的成功不仅体现在实现了三维目标的有机统一，上出了政治课的味道，还体现在教师具有先进的教学理念，上出了课改的味道。以学习者为中心，以学习为核心应该是我们当前课改的根本性问题。张洁老师的这节课对课堂教学中学生的"学习"进行了大胆的尝试，据统计，这节课学生活动的时间达到了68%，而且活动的形式多样，学习活动从课中延伸到了课前，相信部分学生也会将其延伸到课后。新课程倡导的学生的"学科素养"就应该是在日常教学中通过教师的"教"，更重要的是通过学生的"学"一点一滴地培养起来的。（特级教师王芊）

夯实基础知识，由口号到行动

在思想政治课的教学和备考中，几乎所有的老师都在喊着同样的口号——"夯实基础知识"，但究竟如何夯实，通过怎样的路径才能实现真正夯实的目标？我认为以下步骤有助于学生从单纯的知识学习转向学科能力的提高。

一、基础知识的扩展

1. 教材上有，但现实情况却在不断变化的知识。

教材上出现的知识是最基本的原理和观点，实际生活却在不断发展变化，所以我们必须坚持理论联系实际的原则，将教材上的基本原理与现实情况相结合，这样学生掌握的基础知识在高考中才是有价值的。

比如关于我国的财政政策，教材是这样表述的："在经济增长滞缓、经济运行主要受需求不足制约时，政府可以采取扩张性财政政策……在经济过热、物价上涨、经济运行主要受供给能力制约时，政府可以采取紧缩性财政政策。"

在现实生活中，每年的中央经济工作会议对我国财政政策的表述又分为积极的财政政策、稳健的财政政策和适度从紧的财政政策。很多练习题目都引用中央经济工作会议的表述，容易使学生产生困惑，不利于他们正确解答题目。所以对于这个知识我们就要进行扩展，让学生明确：积极的财政政策就是扩张性的财政政策；适度从紧的财政政策就是紧缩性的财政政策；稳健的财政政策则既不会产生扩张效应，也不会产生紧缩效应。同时更要让学生明确，一定时期内我们实行某一财政政策的原因、具体内容及影响，使其完整掌握财政政策的知识。

2. 教材上有的，但不全面的知识。

旧版教材的论述中，消费水平受很多因素的影响，其中主要是居民的收入和物价总体水平。在2013年版教材中保留了"收入"，删去了"物价总体水平"。修改的目的主要有两个：一是为了降低难度，二是"物价变动的影响"与前边"价格对生活消费的影响"的知识有重复。

在实际生活中，消费是社会经济活动的一个环节，消费与人们的日常生活息息相关。不断提高消费水平是人们的共同心愿，是人们对生活的合理要求，也是我国全面建成小康社会、实现社会主义现代化的目标之一。如何提高人们的消费水平？首先就要知道人们的消费水平与哪些因素有关，会受到哪些因素的影响。

虽然教材重点讲了居民收入，但是在教学中，教师也要列举影响消费的其他因素，如社会经济发展水平、物价水平、家庭人口数量和结构、社会福利制度等，这样可以使学生对影响消费的因素有一个比较全面的了解，但不需要逐一地具体解释。

3. 高考的重难点知识必须扩展。

价格变动的影响是高考的重点内容之一，题型表现多以函数曲线图的方式。函数曲线图属于数学学科的内容，这对文科学生而言是一个挑战，我们必须在教材的基础上把这个知识讲透彻。

教材在讲价格变动对人们生活的影响时有这样的表述："一般说来，当某种商品的价格上升时，人们会减少对它的购买；当这种商品的价格下降时，人们会增加对它的购买。"对这一知识我们要求学生逐层扩展。

首先，要学生明确人们减少对商品的购买，说明人们对该商品的需求量会下降；其次，商品价格上升，人们对该商品的需求下降，说明商品的需求量与其自身价格成反比；再次，要求学生画出函数的反比曲线，即向右下方倾斜的一条曲线；最后，在数学中一般自变量放在横轴，因变量放在纵轴，但是在需求曲线中，自变量——商品价格被放在纵轴，因变量——商品数量被放在横轴（需求曲线是经济学特有的）。

二、基础知识的整合

高考政治强调综合性，所以我们在复习时也要注重基础知识之间的逻辑关系，构建知识体系，整合基础知识。整合基础知识可以从不同的角度来进行，可以整合一个模块、一个单元、一个框题，也可以是跨模块、跨单元的。

比如，在《经济生活》必修模块中，关于"市场经济"侧重讲"市场和宏观调控"，所以可以从这个角度出发将必修部分的知识进行整合。

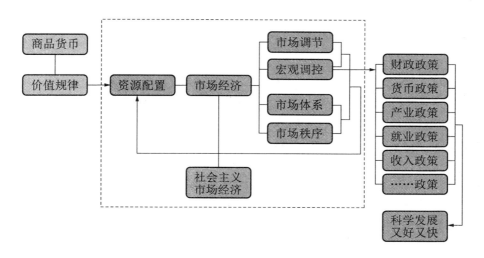

三、基础知识的活化

课程标准强调思想政治课要实现理论逻辑与生活逻辑的统一，课程实施要具有实践性与开放性。近几年高考的命题趋势是反映时代特征、关注生活主题、彰显学科价值。所以学生在全面复习知识的过程中，必须关注一年来发生的重大时政，学会将当年的时政热点材料与教材中的相关理论挂钩，实行"对号入座"，学以致用。

总之，夯实基础知识的过程中，教师要采用多种手段和途径，充分调动学生自主学习、合作学习的热情，师生共同努力最终提高复习实效。（张洁）

自白

张洁自画像

自我评价： 一个很有亲和力的人，乐观，开朗。在工作上比较利落，做事不喜欢拖拉，希望能够在最短的时间内把事情完成。生活态度比较积极，信奉天道酬勤。

心目中的好老师： 一个好的老师，应该是有责任感、有爱心、有能力的。有责任感才能重视自己的工作，想尽办法做好自己的本职工作；有爱心才能对工作、对学生充满热情；有能力才有可能把工作做好。

心目中的好学生： 好学生应该是有理想的，有自己的奋斗目标，并且能够为实现自己的目标而付诸行动；好学生应该是有思想的，对问题有自己的看法，在不同的观点面前敢于质疑；好学生应该是善良的，有爱心的，这是人性的力量。

心目中的好学校： 好学校应该是能够培养出全面、健康发展的学生，有自己的文化底蕴和味道的学校，而不是一味追求升学率、追求成绩的学校。

教育教学观： 以生为本。

对自己影响最大的书：《给教师的一百条建议》《班主任工作漫谈》《学会教学（第 6 版）》。

处理师生关系： 在与学生交往时，尊重、赏识、理解学生。

取得成绩的经验： 经验＋反思＝成长。

工作与学习的关系： 工作需要学习，学习是为了更好地工作。工作之余，我喜欢逛街，没有压力，放松心情；喜欢参观各种展览，陶冶性情。

2. 陈旭："以一知万"陈旭式数学课

作为一名数学教师，她专业知识过硬，有自己独特的教学方法，在不断改革创新的今天，能积极参与课题研究，撰写的教育教学论文多次获奖并发表；她从教20年，担任班主任工作19年，被评为朝阳区优秀班主任、十佳班主任、阳光班主任、北京市"紫禁杯"优秀班主任。她就是陈旭，北京市陈经纶中学数学高级教师，北京市骨干教师，朝阳区数学学科带头人。

印 象

"以一知万"陈旭式数学课

作为数学老师，陈旭老师无疑是成功的。她授课时知识点清晰，引入方式恰当，非常有条理性。

"以一知万"——课堂上，她无时无刻不在提醒我们要学会举一反三，灵活变通。她总是积极鼓励我们发散思维，同时循循善诱，给予我们正确的思维方法，再用类似的思维去解决其他问题。许许多多更加实际，更加"接地气"的问题，我们都是通过她的引导自己找到了解决的方案——她从不直接把"答案"给我们，却总能让我们找到"答案"的"小尾巴"。

然而，给我们印象最深的还是她讲解题目时的场景。

聆听需要较深思考、难度较大的题目的讲解是一种挑战，也是一种享受。即使思维偏向文科生，很多同学都能清晰地记得讲解时陈老师有理有据的分析、飞扬的神采以及最后突破难点的精妙方法。

陈老师的分析有种让聆听者击节叫好的魅力，是一种鲜明的、意气风发的说明过程，有着鲜衣怒马的鲜明色感，也有种一日看尽长安花的得意。

经历这样的过程之后，我们便能体会到陈老师对于自己所授学科的深入骨髓的热爱，而她也将这种热爱通过她的言行举止传递给了我们。（高一帆　杨玥）

陈旭课堂教学艺术之一：激活数学思维

《双曲线的定义及其标准方程》课，最主要的特点在于激活学生的数学思维，主要体现在以下三个方面。

一、课前准备，激发兴趣

折纸游戏：准备一张圆形的纸片，其中 O 为圆心，F 点表示圆内除 O 点以外的任意一点，将圆纸片翻折，使翻上去的圆弧通过 F 点，用笔画下折痕，继续上述过程，绕圆心一周，画下所有折痕并观察，你看到了什么？想一想，为什么？

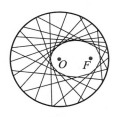

图 1

二、探索观察，思考提炼

折痕之所以留下椭圆的形状，说明在折痕上一定存在一个点，它在变化过程中始终与两个定点 O 和 F 的距离之和是定值，而且这个定值还大于 $|OF|$ 的长度。如何找到这个点呢？

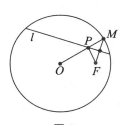

图 2

三、思考探究，归纳新知

思考 1：在圆内改变 F 点的位置，或改变圆的大小，刚才的结果会发生什么变化呢？

思考 2：如果点 F 跑到圆 O 外，其他条件不变，结果又会怎样呢？教师用几何画板演示（如图 3），大家看到了与刚才完全不同的美丽的曲线。

思考 3：为什么会出现这美丽的曲线呢？有怎样几何特点的点运动的轨迹是这条曲线呢？是哪一个点，我们如何找到它？它又具有怎样的几何特点呢？

思考 4：为什么会出现两条曲线呢？

思考 5：我们把这两条美丽的曲线叫作双曲线，从刚才的分析过程中，你能概括出双曲线的定义吗？……

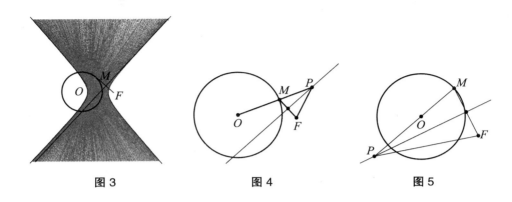

图 3   图 4   图 5

【教学反思】

第一，创设情境，激发思维。

本节课，先通过折纸活动，引导学生思考回顾椭圆的定义及其内涵，吸引学生动手实验，自主探索。而后又通过变换点 F 的位置，激发学生的求知欲。电脑展示出的美丽图案再次激发了学生探索的欲望，学生们动手实践，自主探索，合作交流，类比归纳。学生以积极主动、勇于探索的学习方式体验了双曲线的形成过程，对所学内容会理解得更深，记忆得更牢。

点在圆内，点在圆外；距离之和，距离之差；椭圆，双曲线……寻求变化的规律，寻求变化中不变的本质，对比思考，相信学生的思维得到了很大的提升。

第二，问题引动，激活思维。

这节课的教学环节中，多处以问题为纽带，引导学生层层深入思考，积极探索。从学生折纸的结果中提出问题：为什么会出现椭圆？促进学生思考、探索、挖掘事物的本质。改变定点 F 的位置，提出问题："刚才的结果会发生什么变化呢？"激起学生探究的兴趣，促进学生思维。看到电脑展示的美丽的曲线，再次提出问题："为什么会出现这美丽的曲线呢？""有怎样几何特点的点运动的轨迹是这条曲线呢？""是哪一个点，我们如何找到它？它又具有怎样的几何特点呢？"再次激发学生探究的兴趣，促其积极思考。"从刚才的分析过程中，你能概括出双曲线的定义吗?"一连串的问题不断引领着学生思考、辨析概念的本质，促进学生对概念深层次的、真正的理解，促进学生完整思维过程的形成。

第三，探究辨析，完善思维。

本节课在创设情境中引导学生思考概括出双曲线的定义，已经让学生初步感觉到了双曲线与椭圆有着密切的联系，双曲线的概念得出后再让学生辨析概念，揭示概念的关键属性，凸显概念的本质属性。

总之，培养数学思维能力是数学教学的核心。我认为，在概念教学中，在概念的引入、辨析、应用等过程中，让学生经历概念概括的过程、思想方法形成的过程，这是基本而重要的。要做到"讲逻辑又讲思想"，"学知识又学思维"，让学生通过类比、推广、特殊化等思维活动，找到研究的问题，形成研究的方法，在建立知识之间内在联系的过程中领悟本质，不断提升数学思维能力。让思维活跃起来，创造性发挥出来，才是最重要的。(陈旭)

陈旭课堂教学艺术之二：细细品味，有效提升

"品题"，刚听到这个词时就很喜欢，对待数学问题，如果能同品茶一样，慢慢地品，细细地思，静静地悟，其中的优劣必将呼之欲出……

2014 年中考复习备考中，朝阳一模数学试卷的第 23 题是这样的：

已知关于 x 的一元二次方程 $mx^2 - 3(m+1)x + 2m + 3 = 0$。

（1）如果该方程有两个不相等的实数根，求 m 的取值范围；

（2）在（1）的条件下，当关于 x 的抛物线 $y = mx^2 - 3(m+1)x + 2m + 3$ 与 x 轴交点的横坐标都是整数，且 $|x| < 4$ 时，求 m 的整数值。

当时，孩子们做完后得分率很低，各种错误层出不穷，老师们也抱怨：出的什么题啊，设那么多坎，专挑学生易错的地方考，让学生拿不着分……但是后来分析试卷时，静下心来仔细审视试题、品味试题，我突然感觉这个时候出这道题真是妙，真是用心良苦啊。分析课上带着学生细细品味，收到了很好的教学效果。

一、品条件和结论，教会学生审题

在此题中，要求满足一元二次方程、两个不相等的实数根、抛物线与 x 轴交点的横坐标为整数、$|x| < 4$ 和 m 为整数所有这些条件的 m 的值。

没有一句是废话，句句是条件，句句有"玄机"，句句要实施……学生能分析清楚这些条件，处理好这些条件实属不易。

能够很好地解决问题的前提就是审清题目，明确已知和未知，明确自己的解题目标，才能根据目标和已知条件确定自己解决问题的策略，运用知识一步一步完成问题的解决。原来觉得是学生图快，提笔就写，不好好审题，一些思维活跃的学生也经常因为审题不清而留下遗憾。经过细致的观察我发现，很多学生没有重视审题的环节，很多学生不会审题，很多学生审不好题。

抓好叙述性语言的关键词，深刻挖掘隐含条件，努力排除干扰条件，在中考之前，借此题强化学生的审题意识，教会学生审题方法还是很有必要的。

二、品知识要点，夯实学科基础知识

在整个解题过程中，此题共涉及了五个数学概念，七个数学基本计算，对于这些知识之间的联系、转化还需要思想方法去沟通。总之，这道题可以说是知识点多，综合性强，学生要是能分析提炼这些知识点，看透知识点之间是如何联系的也实属不易。中考之前，借此题梳理这些知识，分析解题脉络，我想对于学生建立完整的知识体系和发展学生思维都有很好的促进作用。所以课堂上让学生去品，让学生去说是非常必要的。

三、品解题过程，优化解题方法

在学生的答卷中，我们发现有些学生答案是对的，但解题方法烦琐；从学生杂乱的书写中也能看到有些学生的解题思路并不是非常清晰和有序。通过引导学生思考本题是否还有其他解法，并在课堂上让学生说出自己不同的解法，比较各种解法的特点，比较哪种解法更简捷，更清晰，从而确定完善的解题思路，不仅可以节省解题时间，提高正确率，更重要的是可以提升学生的思维能力。

四、品题目特征，发散深化学生思维

作为初三的复习课，不仅仅是解决完此题就行了，还要进一步深化发散学生思维。在讲完此题后，我们又进行了充分的发挥。例如，有的学生说，我们可以将条件中的"一元二次方程"改为"方程"，这样一元二次方程的概念变得更隐蔽了，二次项系数仍需满足 $m \neq 0$，但学生在解题中需要更深入地理解和挖掘条件；有的学生说，我们可以将第（1）问中"方程有两个不相等的实数根"改为方程有两个相等的实数根，这样可以将判别式的各种情况做一个全面的复习；有的学生甚至说，我们还可以将条件变成"方程有实数根"，这样方程的不确定性必然会产生分类讨论，增加了题目的难度，但却更系统更完善地开拓了学生的思维。

在这个过程中，我看到学生的热情非常高，他们积极地思维，大胆地讨论。

我认为学生们发散思维，从不同的角度观察、分析、变化习题，比得出答案更为重要。最后，在系统的归纳中我们提炼了解决这类问题的很多方法和策略。作为初三的综合复习课，我认为这节课收到了很好的教学效果。

一题多变，一题多解，多题归一。细细品味我们做过的习题，不仅可以拓宽学生的解题思路，避免题海战术，重要的是可以锻炼学生的思维，培养其思维的灵活性，提升其思维水平。

五、品学生错误，指导学生规范答题

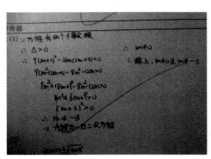 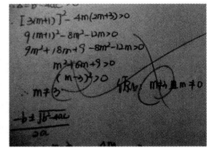

图 6   图 7

学生在中考、高考中能否取得好的分数，把握属于自己的机会，书面表达这一关也是至关重要的。在数学中，正确、规范的书写是清晰、有序、严谨思维的具体表现。从上面这些照片（图6、7）中我们可以看到学生在解题时犯的一些错误，也看到了完美规范的书写。讲评试卷时，我没有过多地指责也没有刻意地表扬，只是用PPT展示出这些照片，让学生认真地看，细细地品。学生在专注的观看中，找到了不该错的、该注意的、该思考的问题；在同学规范的书写面前，很多学生看到了差距，看到了标准；在面对自己的错误时，也似乎明确了改错的真正意义。

总之，在解题后对题目的描述、呈现方式、设计意图、涉及的知识点与思想方法再次进行全面的审视，对审题过程、解题方法、认知方式、理解程度、思维过程、规范表达等方面进行自我认识、自我评价，对自己的解题过程、进度及认识过程进行自我监控，在认识自身的基础上主动建构自己的学习过程，提升自我的学习能力，对学生的可持续发展具有深远的意义。（陈旭）

陈旭老师课堂教学艺术之三：促学生自主探究

原始问题：

已知：圆 O_1 和圆 O_2 外切于点 A，BC 是圆 O_1 和 O_2 的外公切线，B、C 为切点（如图 8）。求：$\angle BAC$ 的度数。

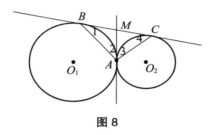

图 8

教师引导：本题是在两圆相切、直线与圆相切的条件下研究角。由于两圆位置关系有五种，直线与圆的位置关系有三种，我们是否能改变一下两圆位置关系以及直线与两圆的位置关系，进一步探究角的变化规律呢？

学生变式一：两圆位置关系由相外切变为相交，直线和两圆的位置不变（如图 9）。

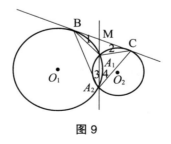

图 9

学生变式二：两圆位置关系不变，直线和两圆的位置关系发生变化，变为和一圆相交，和另一圆相切（如图 10）。

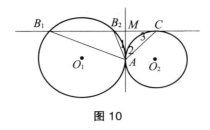

图 10

学生变式三：两圆位置和直线与两圆的位置同时发生改变，两圆由外切变为相交，直线由与两圆都相切变为与另一圆相交与另一圆相切，此时仍有两种情况出现（如图 11、12）。

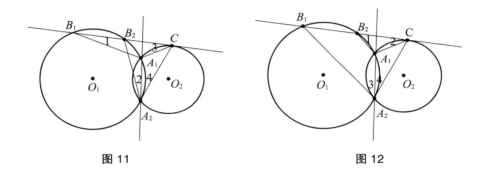

图 11　　　　　　　　　　　　　图 12

学生变式四：两圆位置关系不变，直线和两圆的位置均变为相交（如图 13）。

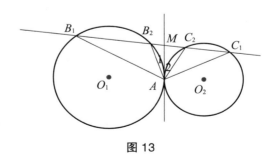

图 13

学生变式五：两圆相交，直线和两圆相交，此时，A、B、C 三点都分裂成两个点，∠BAC 分裂成两个角，但此时会出现四种情况（如图 14—17）。

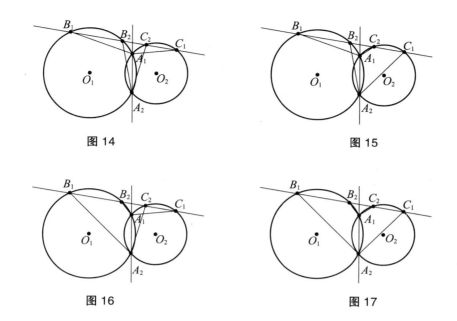

图 14   图 15

图 16   图 17

变式教学是对数学中的问题进行不同角度、不同层次、不同情形、不同背景的变式，从而暴露问题的本质特征，揭示不同知识点的内在联系的一种教学设计方法，通过变式教学，使一题多用，多题重组，常给人以新鲜感，能唤起学生的好奇心和求知欲，使其产生主动参与的动力，保持参与教学过程的兴趣和热情，使数学教学更加开放，更加具有活力。

课堂上，由于我备课充分，对各种情况考虑较全面，完全起到了引领学生思维的作用。我提出这样的问题：原题中有几个条件？什么条件？哪个条件可以变化？可以怎么变化？变化很多，能不能有一条清晰的思路？圆和圆的位置变了，直线和圆的位置变了，给我们带来了什么？我们研究什么呢？通过这些问题引导学生积极思维，帮助学生从错综复杂的思路中理出一条清晰的思路。看到学生探索的意识、研究的兴趣、清晰的思路，我知道这堂课的教学目标达到了。

有了老师的自主探索才会有学生的自主探索。作为教师，注意对课本中典型例题的讲解、挖掘、变化是很有必要的。一题多变，一题多解，多题归一。细细品味做过的习题，不仅可以拓宽解题思路，避免题海战术，更重要的是可以锻炼思维，培养思维的灵活性，提升学生的思维水平，对提高学生的数学素养、探究能力，激发学习兴趣也有着重要的作用。（陈旭）

精心设计课堂提问，提升课堂教学效果

教学的过程，实际上是学生在老师的指导下，不断释疑解难，获取新知识的过程。而课堂提问，是教学过程中充分调动学生主动、积极、自觉地进行思维的一种最经常、最普遍的手段。善教者，必善问。在课堂教学中，一个有质量的提问会"一石激起千层浪"，荡起思维的层层涟漪；一组有质量的提问，会推波助澜，把课堂教学一步步引向新的境界；一堂讲究提问技巧、策略的课，会一环扣一环，达到课堂教学的最佳效果。所以作为一名数学教师应善于运用提问的艺术，去点亮学生的思维火花。

一、明确课堂提问的目的

提问是教师根据教学内容的目的要求，以提出问题的形式，通过师生相互作用、检查学习、促进思维、巩固知识、运用知识实现教学目标的一种教学行为和方式，是数学课堂教学的重要环节，是数学教师与学生交流的一种重要方式。

二、把握课堂提问的时机

歌德说过，要想得到聪明的回答，就要提出聪明的问题。提问启人心智，使每个问题都有益于思维活动的充分展开，有助于思维能力的培养。

教师只有创造了条件，使学生心理处于积极求知、跃跃欲试的状态，才能给教学的成功提供可能性。提问时机要根据课堂教学而变化。什么时候该问，什么地方该问，要把握好这些基本的时机，问在该问之处，问在当问之处。可从以下几方面着手：一是根据教学重点、难点设计问题，二是在新旧知识的连接点处设计问题，三是在给学生的"释疑"中设计问题，四是在思维发散处设计问题，五是在教学内容的总结处设计问题。

要让提问在数学的课堂中更有效，仅仅设置有效的提问还远远不够，提哪些问题，在何时提出，提问哪些同学，期望得到怎样的结果，学生回答的可能情况及处理办法等都要有明确的通盘设计。

三、选择恰当的提问方式

从某种意义上讲，学生学习的接受、理解、思考水平与教师在课堂上提问时选用的句式有很大关系。另外，由于问题的内容、性质和特点不同，可采用不同的提问方式，如直问、曲问、反问、激问、引问、追问。

总之，向学生提出问题不是为了为难学生、压服学生，而是为了引导学生积极思维，随时调动学生学习的积极性，让他们全身心地投入到课堂学习中去，真正提高数学课堂效率。（陈旭）

自 白

陈旭自画像

自我评价：热情、爽朗、独立、正直、有主见、有思想、有魄力。工作上严谨踏实，抱有极大的热情，能富于智慧地开展工作，并能很好地处理工作和生活的关系。以一颗本真的心来面对每一天，在平淡中追求属于自己的幸福。

人生格言：思想决定行动，行动形成习惯，习惯决定品德，品德决定命运。

心目中的好老师：首先要具有过硬的专业素质，还要有与时俱进、不断学习的进取精神，要有容纳、包容学生的宽厚之心，更要有循循善诱的教育之法和静待花开的耐心。对学生要能给予知识，启迪灵魂，赋予智慧。

心目中的好学生：知书达理，懂得感恩，有自己的思想，积极进取，活泼开朗，积极热情。

心目中的好学校：有很好的文化氛围，有科学的管理体制，有先进的育人理念，有和谐进取的人际关系。

处理师生关系：真诚相待，坦然面对，尊重每一个学生，相信每一个学生都有值得自己学习的地方。

教育教学观：为学生的发展。教学中尊重个性，发展思维，严谨规范，发展能力。

对自己影响最大的书：《英才是如何造就的》《自塑教育》。

怎样战胜困难与挫折：只要思想不滑坡，办法总比困难多。

取得成绩的经验：有自己的思想；有坚定的信念和明确的目标；真心付出，收获幸福。

工作与学习的关系：在工作中不断学习，完善提升自我。学习是为了与时俱进，更好地工作。

3. 齐宝卫：看"潮"师怎样上政治课

他刻苦钻研业务，先后参与了《文化生活》《新课程 新教案》等书的编写工作，有十几篇论文获得国家级和市区级奖励，曾获得国家级研究课和市区研究课一等奖。他的课堂教学风格幽默风趣又不失严谨细致。他就是齐宝卫，北京市陈经纶中学政治教师，北京市政治学科带头人。

印象

"潮"师齐宝卫

齐宝卫老师，绝对是一个非常潮的政治老师。站在众多老师中，他或许不是最高的，但一定是最能引起你注意，让你感到敬佩的。

他是一个活泼开朗，风趣幽默，低调奢华有内涵的"老男孩"。在课上，他是无所不知、学生问不倒的政治老师；在课下，他又是与学生无话不谈的知心朋友。在同学们中，齐老师有着很高的人气；在老师们中，他又是个可爱的同事。

在政治学科上，齐老师倾尽所能，努力为我们备好每一节课。比如在比较难懂的哲学模块的学习上，齐老师总能利用生活中的小事来讲解，让我们搞懂复杂的哲学道理。

他总跟我们说：生活中的任何一件事都可以用哲学道理来解释。起初我并不相信，但上了两年齐老师的哲学课之后，我渐渐明白了这句话。

我想，齐老师之所以能够在小小的讲台上，尽情展示自己的风采，是因为他有两个法宝：一是他的哲学专业背景，二是他对自己教学工作的钻研和体悟，形成了他独特的教学风格与教学方法。

随着学习生活的不断深入，问不倒的齐老师成了我的榜样。他对问题的独到分析，对教育教学工作的仔细研究，让我们每个学生都对政治课充满了兴趣。走进齐老师的课堂，你绝对不会感受到冷场的气氛，浓厚的学术氛围，活跃的课堂气氛会深深地感染你。

课堂上的齐老师是兢兢业业的，是一丝不苟的，是有内涵的；课堂下的齐老师更是风趣幽默、开朗乐观的。经常去齐老师办公室的同学可能会看到齐老师桌子上摆放的照片。每当同学们问起来，齐老师都会与同学们分享这些照片背后的故事。社会上的潮流用语，可以说没有齐老师不知道的。虽然齐老师年龄比我们大不少，但是在与他相处的过程中，我们丝毫没有感觉到所谓的"代沟"。（李奇）

齐宝卫课堂教学艺术之一：让课堂更贴近学生思维

【课堂回放】

《国际关系的决定性因素——国家利益》教学设计片段：

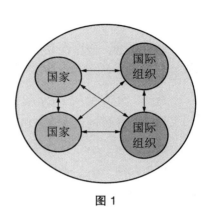

图1

教师提问：什么是国际关系，我们又该怎样处理它呢？（板书：国际关系的含义）

过渡提示：既然是谈关系，必然是两者或以上事物之间的关系，它们是谁呢？（活跃在国际社会舞台上的成员都有谁？他们之间存在着怎样的关系？）

国际关系是国家之间、国际组织之间以及国家与国际组织之间的关系。其中，最主要的是国家与国家之间的关系。

有人说可以把国际关系看成是一种博弈关系。这句话该怎么理解呢？下面我们就一起来探讨这样一种有趣的博弈现象：智牛博弈。请大家看学案中的材料一。老师先解释一下智牛博弈现象。

大牛 / 小牛	按下按钮	等待
按下按钮	A（7，3）	B（5，5）
等待	C（9，1）	D（0，0）

智牛博弈：大牛和小牛共用一个自动化的食槽进食，大牛进食的速度和数量都要强于小牛。但要让食槽启动必须先按下开关按钮，可是谁去按按钮谁将会吃亏，因为跑过去按按钮不但消耗体力，而且另一方也可以趁机"多吃"2个单位的草料。在这一博弈中，大牛和小牛只能有4种选择：

选择 A：双方同时去按按钮，此时，大牛获得 7 个单位的草料，小牛获得 3 个单位的草料。

选择 B：小牛等待，大牛按下按钮，此时大牛会损失 2 个单位的草料，小牛会趁机多吃，大牛和小牛将各获得 5 个单位的草料，这一结果对小牛最为有利。

选择 C：小牛去按按钮，大牛等待，小牛会损失 2 个单位的草料，大牛会趁机多吃并把小牛损失的 2 个单位的草料也吃掉，从而获得 9 个单位的草料，小牛只获得 1 个单位的草料，这一结果对小牛非常不利。

选择 D：大小牛都等待对方按按钮，双方均无食物可以享用。

学生思考，合作探究：如果你是大牛或小牛，你会怎样选择？（学生回答后要追问为什么）

将学生分成 4 人一组，2 人代表小牛，2 人代表大牛，分别发言，一人记录，一人总结。经过讨论后，各组派 1～2 个代表来阐述自己的选择及选择的理由。

教师追问：小牛要通过什么办法才能选择 B 呢？（试探学生的想法）

教师归纳：小牛要智取，它可以通过与大牛谈判，许诺在大牛先按下按钮后，给予大牛其他方面的某些利益。此时，大牛必然会考虑它能否因此而获得更大的利益。最后，大牛可能会为了更大的利益而作出必要的让步，按下按钮。

完成连线（图 2）：从 A、B、C、D 这 4 种选择看，大牛和小牛之间的关系分别属于哪种形式？

| 选择 A：同时去按按钮，大牛获 7 个单位的草料，小牛获 3 个单位的草料。 |

| 选择 B：小牛等待，大牛按按钮，各获得 5 个单位的草料。 |

| 选择 C：小牛按按钮，大牛等待，大牛获 9 个单位的草料，小牛只获 1 个单位草料。 |

| 选择 D：大小牛都等待对方按按钮，双方均无食物可以享用。 |

竞争

合作

冲突

图 2

学生思考：在智牛博弈中，大牛和小牛关注的是草料，如果我们把大牛和小牛看作国际社会的主要成员，它们关注的"草料"应该包括哪些内容呢？（政治、经济、文化、军事……）

教师引导：其实国际关系同智牛博弈很相似。同学们能不能根据刚才的讨论来推导一下国际关系的内容和形式？

……

【专家评析】

本课是一节体现新课程理念和新课程特点的探索课。

第一，恰当地处理了课本资源和补充资源的关系，体现了知识性与思想性相结合的教学原则。教者在授课过程中，在充分使用课本资源的同时，补充了一些新鲜、有效的资源，如理论方面的"智牛博弈"模型和实际方面的中美关系视频。这些资源的引入，都是为学习国际关系的决定性因素服务的，也都做到了知识性与思想性相结合。可以说，在处理课本资源和补充资源的关系上，本课遵循了新课程所注重的知识性与思想性相结合的教学原则，也因此收获了良好的教学效果。

第二，较好地把握了理论模型和实例印证关系，体现了理论与实际相结合的教学原则。理论模型是对实例概括、提炼、升华、抽象的结果，有时是学人世代积累、传承接续的结果，有时是学者毕生研究、开立新说的绝学，因而常常有开启心门、开启智慧、醒脑开窍、开辟学径、指点迷津的功能和效果。

但是，从实际例证抽象到经典理论模型的创造过程和历史过程，是难以由教师和学生在一节课上实现和完成的。相反，课堂上可以实现而且可行的是以恰当的表现形式呈现某一理论模型或思维模型，再寻找并筛选出贴切的实例与之对照，让学生透过对实例、对实例与理论模型的关系的思考、解读、分析和审视，来印证、体会、感悟理论的深刻，来体验和领悟思维的奥妙，来学习、研究和把握模型的功效，来寻求、探究、揭示事物的本质和规律，来重现、演绎逻辑的严谨。从这样的价值判断和价值选择来说，齐宝卫老师变通了国际关系理论中的相关模型，用"智牛博弈"引出利益博弈，贴近学生思维，以小见大，为师生共同学习国际关系及其决定性因素作了铺垫，为后续学生进行类比思考和类比推理埋下了伏笔，为圆满完成课时教学任务奠定了基础，也让我们体会到了教师的资源筛选能力和模型运用能力。

　　总体看来，在充分尊重课程标准进行教学设计的基础上，本课在教材资源运用、思维模型选择、类比推理运用、典型实例印证、问题设计、活动设计、过渡设计等方面，都进行了积极有益的尝试和探索，可以算是一堂体现新课程理念和课程改革方向的优质课，值得回味和借鉴。（刘曙光）

齐宝卫课堂教学艺术之二：让课堂更加生活化

【课堂回放】

《世界是普遍联系的》教学片段：

教师出示材料：

2013 年 10 月 28 日，北京多地空气质量再次达到严重污染级别，北京首次启动空气重污染应急预案蓝色预警。

提问：雾霾天气是孤立存在的吗？

学生发言后，教师将学生分成三个大组，每个大组内四人一个小组，讨论：从以下方面说说雾霾和我们之间的关系：

1. 雾霾形成的原因；2. 雾霾带来的影响及危害；3. 雾霾天气的解决措施。

学生讨论后，按小组发言。

1. 雾霾形成的原因。

学生发言后，教师补充资料。材料显示，有专家认为，在北京地区，机动车为城市 PM2.5 的最大来源，约为 1/4；其次为燃煤和外来输送，各占 1/5。对于整个京津冀区域，应重点控制工业和燃煤过程，同时要高度关注柴油车排放和油品质量。

教师归纳：可以从自然、社会、主观因素三个方面分析雾霾产生的原因。

2. 雾霾带来的影响及危害。

学生发言后，教师补充资料——雾霾的危害：

（1）影响身体健康。

（2）影响心理健康。容易让人产生悲观情绪。

（3）影响交通安全。

（4）影响区域气候。使区域极端气候事件频繁，气象灾害连连。霾还加快了城市光化学烟雾污染的到来。光化学烟雾是一种淡蓝色的烟雾，汽车尾气和工厂废气里含大量氮氧化物和碳氢化合物，这些气体在阳光和紫外线作用下，会发生光化学反应，产生光化学烟雾。

……

播放新闻视频资料：公交车因雾霾而迷路。

教师归纳：可以从自然、社会、主观因素三个方面分析雾霾产生的危害。

3. 雾霾天气的解决措施。

教师归纳：可以从政府、企业、个人等采取措施的主体角度想办法；可以从对自然、社会、人的思想观念的改变的角度想办法……

教师归纳：通过以上三个问题的讨论与分析，我们可以看出雾霾这一自然现象不是孤立存在的，而是和其他事物相互联系的。

【教学反思】

本节课是《生活与哲学》中第三单元第七课第一框的内容。根据教材的内容和对学生的学情进行的分析，本框题主要采取了小组探究讨论的教学和学习方式，以雾霾天气的形成和影响为案例，坚持一例到底，通过学生小组合作对雾霾现象的深入探究，层层挖掘出联系的含义、特征及相应的处理问题的方法论，使学生在源自生活的案例中体会到生活即学习的思想，引发了学生的兴趣，调动了课堂氛围，有利于学生充分发挥自主学习和探究学习的能力。通过对生活案例的分析和讨论，促进了学生的合作，充分调动了学生参与课堂和学习的积极性，学生的学习效果非常好，真正实现了把课堂完完全全地还给学生，让知识来源于生活又回归生活。（齐宝卫）

齐宝卫课堂教学艺术之三：让课堂更有针对性

【课堂回放】

在执教《中国走和平发展道路》一课时，教者从学生的实际需求出发，在备课中善于调查学生的元认知和对所讲授内容的兴趣点、疑问点，让课堂更有针对性。课前，教者设计并印制了调查问卷（如下所示），整节课都针对调查问卷展开。

调查问卷

班级：_____   姓名：_____   学号：_____

为了了解同学们对当前我国与周边国家的国际关系的了解程度及对中国对外政策的看法，以便于课堂的交流，特设计此调查问卷，请同学们将自己的真实想法如实反映在此问卷上。谢谢！

1. 你了解中国与菲律宾关于黄岩岛问题的争端吗？（　　）

   A. 很了解　　　　　　B. 知道一点　　　　　C. 根本不了解

2. 你对中国在黄岩岛问题上对菲方所采取的对策和态度有什么看法？（　　）

   A. 同意　　　　　　　B. 不同意　　　　　　C. 不清楚，说不好

3. 你认为我们作为一个发展中大国，有没有必要与菲律宾争夺黄岩岛的主权？（　　）

   A. 必须争　　　　　　B. 没必要争　　　　　C. 无所谓，与我无关

4. 你认为我国应该如何处理黄岩岛问题？（　　）

   A. 用军事手段解决　　B. 外交协商解决　　　C. 说不好

5. 你认为菲律宾在黄岩岛问题上向中国挑衅的原因是什么？

_____

_____

---

6. 你了解美国和俄罗斯在中菲黄岩岛问题上的态度吗?

美国的态度:＿＿＿＿＿＿＿＿＿＿＿＿＿＿＿＿＿＿＿＿

＿＿＿＿＿＿＿＿＿＿＿＿＿＿＿＿＿＿＿＿＿＿＿＿＿＿

俄罗斯的态度:＿＿＿＿＿＿＿＿＿＿＿＿＿＿＿＿＿＿＿

＿＿＿＿＿＿＿＿＿＿＿＿＿＿＿＿＿＿＿＿＿＿＿＿＿＿

7. 你还希望了解哪些关于中菲黄岩岛争端的问题?

＿＿＿＿＿＿＿＿＿＿＿＿＿＿＿＿＿＿＿＿＿＿＿＿＿＿

＿＿＿＿＿＿＿＿＿＿＿＿＿＿＿＿＿＿＿＿＿＿＿＿＿＿

＿＿＿＿＿＿＿＿＿＿＿＿＿＿＿＿＿＿＿＿＿＿＿＿＿＿

【课后反思】

　　本节课不是传统的课型，而是对于一个单元问题的总结和归纳，而且这部分内容涉及的时政信息也非常多，因此教师在进行素材取舍和问题设计方面，把主动权交给了学生。教师设计了关于黄岩岛争端问题的调查问卷，对不同班级学生进行了调查，在对调查结果进行统计后，根据实际的数据设计教案和课堂活动，让问题从学生中来，又重新回到学生中去，激发学生思考。同时，根据不同班级学生的不同数据，进行相应的调整，让课堂更有针对性。（齐宝卫）

我的教师观

教师应该成为仁者，宽容善良地对待学生，无论是在课堂上还是在生活中都把自己和学生放在平等的位置上，学会与学生沟通。

一、教师是学生学习活动的参与者、带动者和合作者

从学生发展角度来看，教育是学生在教师和家长引导下，在学校和社会的辅助下自主学习、自我教育、自主管理、自我评价、自由发展、快乐成长的过程。所以教师不是决定学生未来的人，而是有助于学生设计未来、实现未来的人。

政治课的学习过程本身贯穿着一定的德育功能，需要教师给予学生方向性的引导，从而帮助学生树立正确的世界观、人生观和价值观。这就需要教师参与到学生的整个学习过程中。

要改变政治课堂上教师唱独角戏的尴尬，教师应该主动把课堂真正交给学生，主动成为学生学习活动不可缺少的合作者，共同完成学习过程。

二、教师应成为学生学习的组织者、促进者和指导者

一方面，教师是学生学习的组织者，也是学生学习能力的培养者和促进者。随着现代信息技术的发展，教师不再只是传授教科书上的知识，而是要指导学生如何获取自己所需要的知识，掌握获取知识的工具以及处理各种信息的方法。因此，政治学科的教师要把教学的重心放在如何促进学生"学"上。要以学生的生活为主线，由近到远，由浅到深，由具体到抽象，由现象到本质，逐步展开教学内容，使课程内容贴近学生、贴近实际、贴近生活，增强课程的亲和力和感染力。

另一方面，教师是学生人生的引路人，学生学习的指导者，要引导学生沿着正确的道路前进。政治教师要从过去作为"道德说教者"的传统角色中解放出来，

成为学生健康心理、健康品德的促进者，引导学生学会自我调适、自我选择。

三、教师要正确处理学科知识与思想政治教育的关系

思想政治课教师是学科知识的传授者，也是对学生进行思想政治教育的设计者，如何处理好二者的关系非常重要。如果处理不好，会导致政治课成为单纯的知识灌输课或者成为空洞的思想政治教育的宣教课，很难产生好的效果，也必定不会得到学生的喜欢。因此，教师就应该恰当地将思想政治教育渗透到学科知识的讲授中，使学生通过思考、讨论、探究，既能掌握学科知识，又能够从中领悟很多人生道理。

教师的职责不仅在于按照统编教材教参讲授学科知识，更在于根据自身特长优势讲授知识，组织社会实践活动，引导学生自主学习、自我教育、自由充分发展。

思想政治课本身强调开放性、实践性、思想教育性和时效性。政治学科的教师要准确把握社会需要、学科体系、学生身心成长三者的关系，立足于学生现实的生活经验，着眼于学生的德智发展要求，借助各种教育资源提高学生对人生、社会、世界的认识水平及解决人生、社会、自然问题的能力，同时渗透思想政治教育于这些能力的提高中。

其实，教师本身就应该成为学生的一本活生生的教材，在他那里有经过加工和发展的源源不断的新知识、有效的方法，在他身上有无穷的人格魅力，所以要对学生进行思想政治教育，教师应该善于挖掘自己。

以学生为主体，以生活为主题，以生活逻辑为主线整合课程内容，力戒用学科逻辑干扰生活逻辑，使学科内容疏离生活主题。政治课教师要把教材上的抽象理论与现实生活中的鲜活案例结合起来，使学生在观察、解析生活现象中领悟学科知识，形成学科逻辑。（齐宝卫）

自白

齐宝卫自画像

自我评价：为人开朗、正直、幽默、风趣、谦虚。

人生格言：捧着一颗心来，不带半根草去。

教育教学观：我始终笃信这样一句话：爱人者，人恒爱之；敬人者，人恒敬之。

对自己影响最大的书：《课程与教师》《教学勇气——漫步教师心灵》《教学机智——教育智慧的意蕴》。

心目中的好学生：有爱心、正直、善良、学习态度认真端正、愿意付出努力的学生。

心目中的好老师：敬业、乐业、机智、幽默、有爱心的老师。

心目中的好学校：硬件和软件都是一流的，最重要的是能为学生的未来发展服务。

处理师生关系：真诚面对学生。

取得成绩的经验：付出努力，因为没有付出就没有收获。

工作与学习的关系：工作中遇到的问题为学习提出了要求，而学习又有助于解决工作中的难题。工作之余，我更喜欢看看书或浏览一下网站，这样既充实了自己，也能更好地感知很多自己未知的事情。

4. 赵玉玎：多面英语教师用英语编故事

她承担了多项市区级科研课题；她曾获"朝阳杯"小学英语学科赛课一等奖，多次做市区研究课；她承担了"国培计划""绿耕项目"等指导培训工作；她是国家"攀登计划"项目实施指导专家，参与多本教材、教辅的编制。她就是赵玉玎，北京市陈经纶中学英语学科高级教师，北京市小学英语学科骨干教师。

印 象

玉玮悦耳

英语赵玉玮，人如其名。无论是同事、朋友，还是学生、学生家长，说起她，玮玮悦耳：

"我认为一个好老师就应该是赵老师那样的多面手。她是个热情、热心、幽默、可信任、博学的知心大姐姐；她是个富有人格魅力的个性教师；她是个爱校如家，工作效率高的工作狂；她又是个热爱生活、爱旅游的生活达人。"

"她讲课风趣幽默，总是微笑着对待每一个学生。"

"她爱学校、爱学生，了解孩子的心声，善于捕捉孩子身上的闪光点，引导他们学会尊重、学会宽容、学会思考，拥有健康的心理。"

"她是一个直爽干练，雷厉风行的人。工作作风严谨，做事情思路清晰，善于动脑筋，不蛮干，常常能为教师们提供很好的解决问题的方法。"

"她热爱生活，富有生活情趣，心灵手巧。在立冬的时候，她会包出各种颜色的饺子，有胡萝卜汁做的红色的，有菠菜汁做的绿色的，营养健康又好看。到了假期，她又会做出色、味俱佳，造型美观的菜肴，让我们感叹像是出自专业厨师之手。"

"工作之余，赵玉玮老师给我的印象是待人诚恳，对事精心，喜欢打扮，却不张扬，着装得体大方，又不失时尚，给人低调小奢华的感觉。"

赵玉玮经常用这样一段话来与大家共勉："每一个人都是一座山，世上最难攀越的山峰就是自己，向上走，即便是一小步，也有新高度。"工作中，她也是这样身体力行，引领在前的。"理念前进一小步，实践前进一大步"，随着教育教学理念的不断更新，赵玉玮在英语教学上也逐渐形成了如玉相击之"明快"风格。（红袖子）

赵玉玲课堂教学艺术之一：用英语编故事

　　小学外语教学最令人头痛的是出现"两极分化"。随着这种变化的到来，教师爱的天平会不自觉地发生倾斜，那种"恨铁不成钢"的思想油然而生。但这种个体差异是客观存在的。作为教师就要善于调动全体学生参与教学活动的积极性，不仅要去欣赏那些美丽的鲜花，更要爱护那些稚嫩的小草。

　　为鼓励学生主动学习，我把学生按英语水平的高低、性格、特长等特点较均衡地搭配成组，每组成员自己推选组长，并向其提出要求及规定职责。学生们劲头十足。"为咱们组取个名字吧！"一个声音传入我的耳中。"好主意！"我及时给予了赞扬。接着，组名一一产生，学生士气很高。

　　于是，这样的一节英语课诞生了：以"In Summer Vacation"为题，让学生编故事。前提是小组成员共同讨论，人人参与，由组长根据组员特点灵活分配任务，确定本组的策划人、执笔人、记时人、主讲人。活动开始了，学生们展开了热烈的讨论，此时我也深入学生中间倾听他们的见解。"假期里我和××去渔场玩了，可有意思啦！""这么难的句子你会用英文说吗？""我想先确定写什么，再看看有没有学过的相应的词句。"试了半天，还是无从下笔。此时，我要求全班同学暂停。"不会用英文表达的地方可以用中文填充。"我对学生们说。"太好了！"学生们忙碌起来了，还不时地传来笑声……"时间到！"同学们停止了讨论。发言开始了，有的发音一会儿英文，一会儿中文，真是让人忍俊不禁，学生们笑得前仰后合。

　　对于学生的发言我给予了大力的表扬。"你们才刚上四年级，又是第一次用英文写故事，就写得这么好。我太高兴了，一定要留好你们的作品，让它们成为你们的起点。随着知识的增长，水平的提高，我相信文中的中文会越来越少，错词病句会越来越少，故事情节会越来越丰富，文章会越来越充实。"学生们初尝了成功的喜悦，激动不已。

由于学生间团结协作，加之教师的鼓励、辅导，学生学习外语的主动性异常高涨。经常有学生给我写条、约时间请求帮助；有的学生写了小文后请求我来修改……更让我欣慰的是，学生常拿着各种资料来向我请教某个词的用法，并要求我为其创设一个情境，由学生自己来造几个句子、举几个实例以示说明……

临近期末了，我决定让每个学生用英文写一段故事，题目自定。于是，一篇篇生动的小短文出现了。尽管文中还存在着不少毛病，但中文果然越来越少了，内容也充实了许多。

家长会上，当学生进行展示时，我的手、家长的手、学生的手都拍红了，我的眼泪几乎夺眶而出。此时此刻，我为学生学会了主动学习、主动获取知识而骄傲，学生也为自己能够参与到活动中来，掌握了获取知识的本领而感到幸福。

由此，我深悟到：教师绝不能把学生看作被动的可以任意雕琢的石头，也不能让学生感到教师只是发送知识的机器。在一节课中，教师要满足学生的需求，调动学生的主观能动性，这样学生的潜力才会得到开发；教学形式要多采用启发式、讨论式；教师要将自己自然地融入学生之中，一改那种教师"独霸"课堂的局面；要运用多种方法，调动每个学生的积极性；要激发学生主动学习的愿望，留给学生发展的空间，助其飞翔。通过以上课堂教学环节的实施，学生的求知欲、创造欲得到了展现。（赵玉琤）

赵玉玲课堂教学艺术之二：巧用思维导图

优化课堂教学、创新教学模式始终是教育改革和研究的主题。新一轮课程改革进入反思调整期后，简约、有效的语篇教学成为小学英语学科教学改革的主要发展方向之一。笔者在观摩了一次小学英语语篇教学展评活动后发现：有的课上得比较"奢华"，不仅课堂活动繁多，而且教学环节也很多。其中一位选手，在30分钟的课内，不辞辛苦地展示了40多张PPT，以致整节课学生在教师的引导下，始终处于注意力高度集中的紧张状态，真可谓教师教得辛苦，学生学得疲惫，教学效果也可想而知。

在小学英语语篇教学中应用思维导图，可以改变这种现象。应用思维导图的小学英语语篇教学能化繁为简，把语篇信息分解成易于理解和记忆的"块"，帮助学生有条理地思考语篇材料，提高学生理解语篇的能力。

以 *The Farmer and the Lazy Animals* 为例，探讨思维导图在小学英语语篇教学中的应用。

第一，阅读前，联系生活实际，找准文本的切入点。

活动1：出示动物做事情及贪睡玩耍的图片或视频，通过对比理解lazy animals。

活动2：教师用篇首语小结并呈现故事主题——The Farmer and the Lazy Animals。

活动3：预测故事。

（1）请学生根据题目提出问题，如：Who are the lazy animals? Why we say these animals are very lazy? What happened between the famer and the lazy animals? 学习新单词：lazy。

（2）出示封面图，请学生看图说话，预测故事。

第二，阅读中，通过初听感知大意，寻读展现句式，略读提炼框架，分工聚焦细节，构建思维导图。

活动 1：初听感知大意。

考虑到该课的生词不构成阅读障碍，在导入话题后，教师应着眼于整体设计问题，用选择或判断的形式让学生在自然、真实、完整的语境中感知整个语篇，了解文章大意，验证预测。确定本故事思维导图的核心词——the farmer。

活动 2：寻读展现句式。

师：What did the farmer do in spring/summer when they were hungry/when dinner was ready?

生：It was time to ...（教师根据学生的回答板书句式）

师：What did the cat, the dog and the pig do?

生：The cat, the dog and the pig went to ...（教师根据学生的回答板书句式）

寻读是快速寻找某一特殊信息的阅读方法，目的是从较长的文字材料中查找特定的细节，而不需要阅读全文。该环节的阅读方式具有明确的目的性和针对性，找出文本的典型句式，更好地理解和掌握文本的语言点，同时帮助学生认识到：本课所学内容与自己头脑中原有的认知结构具有实质性的联系，为有意义地习得新内容作铺垫，最终提高学生的语篇感知能力。

活动 3：略读提炼框架。

师：What did the famer say? What did the lazy animals say?

（指导学生略读课文后回答问题。）

生：（齐）Who will help me ...

生：（齐）Not I.

生：（齐）Then I'll do it myself.

师：Who did all the work? （追问）

生：（齐）He（the farmer）did ... all by himself.

（教师用正确的表述重复学生的回答，既保护了学生回答的积极性，又予以正确的示范，并根据学生的回答适时教学 "all by himself"。）

略读可以让学生有层次地处理阅读材料的主要信息，有利于其理解和把握文章的整体思路。当学生通过前面的听读活动了解文本大意"the farmer worked hard, but the lazy animals never helped him"后，教师通过问题"what happened between the farmer and the lazy animals？"推进学生的阅读过程，指导学生用略读的方式抓住关键信息，把握文章脉络，为进一步深入理解课文内容打下基础，初步培养学生捕捉具体信息的能力。学生在问题的引导下很快提炼出文章的框架：The farmer worked hard. He did ... all by himself. The lazy animals never helped the famer.

活动 4：分工聚焦细节。

（1）问题驱动，提出要求，自主学习。

问题：What did the farmer do all by himself?

要求：① Please read the story and underline the key words or phrases about the questions when you read.

② If you meet some new words, you can guess their meaning or discuss them in groups. Or you can ask me.

自主学习：指导学生处理生词的方法后，让学生独自细读故事并画线做标记。

（2）分组活动，互帮互学，准备汇报。

①小组成员交流分享自己的阅读收获。

②遇到问题相互请教，看图、联系上下文学习生词短语。

③小组代表向全班作汇报（可提出质疑，全班解决）。

第三，阅读后，利用思维导图、复述文本要点、汇报展示等方式深入理解故事，从而突破难点。

活动 1：利用思维导图，复述文本要点。

在学生充分了解课文的内容并掌握生词的基础上，让学生根据框架和细节复述课文，但绝不是对课文简单、机械的重复。此时，黑板上的思维导图把文本的知识点连成一幅知识网络图。因为有清晰的思维链条，学生的复述层次清楚，既突破了教学难点，又训练了学生的语言能力，也培养了学习策略。

活动 2：汇报展示，教师小结。

学生以小组为单位汇报复述情况及结果，教师小结，重点强调核心词、句式及框架。

在小学英语语篇教学中应用思维导图，符合学生的兴趣及记忆和思维的特点。通过绘制思维导图，学生了解了语篇的全局，整理了语篇的框架，再通过不断添加分支，把握了细节及重难点，学习内容一目了然。学生借助思维导图还可以轻松回忆文章的主要内容，在短时间内完成复述任务，并进行话题的发散训练，形成了有效的学习策略。（赵玉琤）

赵玉玎课堂教学艺术之三：激活创造性思维能力

在外语教学中，教师观念的更新、教学方式的转换，对启迪学生的思维，开发学生的潜能起到催化作用。学生学习外语的过程同时也是教师培养学生创造意识、发展创造性思维、提高创造能力的过程。教师把发散思维与集中思维有机融合并引入英语课堂，不仅能引导学生积极思考问题，而且有利于培养学生思维的多向性、变通性、独创性，以及解决问题时多途径、多方式探寻的习惯。

比如：思维变通性的训练，不仅有利于学生学习的迁移，还是创造性思维的重要组成内容。它可以达到举一反三，触类旁通的效果。"纸上得来终觉浅，心中悟出方知深"的真谛就在于此。

我透过两次不同教学方式的探索实践，证实了这一点。如：讲授"family"这一内容，初次教时，是使用照片演示给学生看，运用学过的句型"this is ..."来介绍家庭成员并逐渐导入新句型（... have/has ...）作介绍、讲解。而再次教时，采取了以一真实信息设置悬念，让学生猜的方式，激起学生的好奇心。学生猜的过程，同时也是他们复习巩固、反复操练的过程（而这一切都是学生在无意之中进行的）。再以"family"为题让学生作画，挑战"悬念中的获奖作品"，这一举措正是抓住了学生争强好胜的心理。随之而来，便出现了一幅幅名为"动物家族""九大行星""书的一家""楼房系列"等的图画。更可贵的是，他们在相互的启发下，不仅能够充分利用所学知识，而且能加以变化地表述出来，充分体现了思维变通性的发展。我当即给予了表扬。三年级的孩子能有这样的表现，不得不说，学生的潜能太大了，而其潜能是否能得到充分的开发关键在于教师的教育能否适应孩子。这两节课的教学目标虽然是一样的，都是使学生学会用英语介绍家庭成员，但是，获得知识的学习方式与意义却是截然不同的。前者形式单一，且只靠老师的讲解，学生是知识的被动承受者；后者则是靠学生自己的力量来完成的，学生是主角，是知识的主动建构者，他们在学习中的受益程度远远超过了传统教学中师讲生受，重复记忆，只学会简单陈述的效果与水平。在学生主动学习的过程中，教师看到了学生闪光的智慧及无穷的想象力，而这一切的创造者不是教师而是学生自己。（赵玉琤）

对 话

红袖子对话赵玉琤：怎样让学生爱上英语

红袖子：作为一名英语教师，您是怎样做到让孩子们喜欢学英语的？

赵玉琤：我个人认为作为一名小学英语教师，首先要有童心。有童心，可以让你真正亲近你的学生，发现更多有趣的事物，关注更多属于孩子们的资源。比如：在学"my body"这一内容时，我想起加拿大动画短片《威比猪》，可爱的小猪形象和故事情节经过拼凑、配音恰到好处地用于教学之中，很受学生喜欢。

其次生活中要有爱好，工作固然重要，生活必不可少，多彩的生活让你从更多的视角去为学生创造更为真实的语境，要想 hold 住你的学生，老师的想法、爱好也要与时俱进，要足够潮。以前很多的咏唱（chant）或者一些有节奏感的素材现在在学生眼中似乎有些过时了，相反一些说唱（rap）却可以让学生雀跃……

此外也是最重要的一点，就是要有方法，遵循教育教学规律，顺应学生的思维脉络去设计教学内容，使他们能够得法于课内、得益于课外。我所编制的小学英语教学一体化模式经过多年的实践验证是很有成效的，比如主张在低年级"先语后文"，即先学说话再学文化；在中年级将英语自然拼音融入语言教学之中，帮助学生提高识词的能力，开始接触阅读绘本故事，培养阅读习惯；到了高年级开始渗透阅读技巧，提高阅读能力……

我认为，小学英语教师带给学生最好的礼物是培养习惯、授予方法，开启他们的思维和想象，促进其可持续发展。

红袖子：听说您的课很受学生欢迎，您在备课、上课时有哪些好的方法？

赵玉琤：在备课时，要注意仅仅讲必须讲的话，可讲可不讲的话要尽量不讲。要注意教师提供更多的应是演示而不是讲解。要注意教学的趣味性，要努力激发学生的好奇心和学习兴趣，要善于制造悬念。要尽量使学生获得良好的感觉，使他们感到"我能，我能做，我能做好"。要鼓励学生敢于试错，不要担心学生在探索的过程中走弯路，要善于引导他们通过自己的探索、尝试发现解决问题的途径。只有当一些新的内容学生不可能自己理解时，教师才向学生讲解。

红袖子：您很在意学生的成绩吗？怎样看待学生成绩与成长的关系？

赵玉玲：对于小学生而言，成绩不是最重要的。在我看来，好的教育首先是启发人的学习兴趣（尤其是小学生），培养学习的自觉性和上进心。每个学生都有可塑性，通过合理的训练，他们的思维能力就会越来越强大，这种训练对学生的成长具有至关重要的意义。我认为，相信学生，尊重学生，帮助学生设定目标，促使他们跨越障碍，获得成长，是教育的要旨所在。我不想让学生等着我给答案，而是想让他们自己寻找答案，用不同的观点去争论，让他们学会相互学习，学会倾听。这样在交流的过程中，学生就不只是向老师学习了，还有学生相互之间的学习。需要教学生如何提出问题，通常教师是教学生思考什么（what to think）而不是如何思考（how to think）。尝试把它翻转过来，教学生如何思考。学生学会了如何提问和思考，他们就可以学会很多事情。

我很赞同美国教师肖恩的说法：学生就像一棵树，成绩只是暴露在地表外的枝丫，思维模式才是深埋地下的树之根本。（红袖子　赵玉玲）

自白

赵玉玎自画像

自我评价：开朗、直率、真诚、谦虚、随和、包容。工作认真、执著、有追求、有责任心、有创造性。生活态度乐观、积极。

心目中的好老师：有理想信念，有道德情操，有扎实的学识，有仁爱之心。

心目中的好学生：情商较高，懂得感恩；有责任感，好学懂礼；学习习惯好，会自主学习；有合作精神，团队意识强。

心中的好学校：有明确的发展目标及方向，有深厚的文化积淀，有先进的理念，有规范的管理体系，有浓厚的学术气息；学生乐学、教师乐教，师生身心健康发展。同时它更是一个能够激发和引导教师成才，学生自我发展的场所。

处理师生关系：把每个学生当成灵动的生命个体，真心地爱他们，公平、公正地处理师生之间、生生之间的问题。

教育教学观：学文化、启心智、爱生命。

对自己影响最大的书：《教学勇气：漫步教师心灵》《思维导图宝典》。

怎样战胜挫折和困难：意志是每一个人的精神力量，战胜挫折和困难的关键是战胜自己。孩子们需要被激励，应对挑战，然后取得进步，建立自信，获得正能量，再去建立更高的目标，应对更高的挑战……周而复始，从而建立一个良性的循环，这就叫作唤醒孩子的内心动力。成人亦是如此！

取得成绩的经验：有务实明确的工作目标、发展目标；有科学有效的实施策略、操作方法；有顺应规律的教学手段、育人模式；有人文情怀，随时关注并进行细节调整。

工作与学习的关系：工作固然重要，但生活必不可少。多彩的生活可以拓宽你的视野、丰富你的思维，让你从更多的视角去为学生创造更为真实的语境。

5. 杨海晔：讲课"一例到底"的老师

从教19年来，她逐渐形成特色——"一例到底"案例教学法，并在课堂教学中勇于创新，应用探究式教学，取得良好效果；她率先将"道德两难教学法"引入思想品德课堂教学，受到学生一致好评；她是北京市骨干教师，朝阳区思想品德学科带头人，北京市农村骨干教师研修工程优秀指导教师，曾多次在市区级教师基本功交流展示活动中获得一等奖；她勤于笔耕，每年都有多篇论文获得国家级、市、区级奖项。她就是杨海晔，北京市陈经纶中学初中思想品德教师。

印 象

把思想品德课上出幽默感的杨海晔

能把思想品德课上成最受学生欢迎的课，杨海晔做到了。

她风趣、幽默，一堂干巴巴的思想品德课，经过她一讲竟然能变得十分精彩。

毫无疑问，一位能将思想品德课讲得风趣、幽默的老师，肯定会受到同学们的欢迎。这与她深厚的理论功底、敏锐的教学眼光、快速的反应能力、优秀的课堂驾驭能力和极具亲和力的微笑是分不开的。

她不仅具有精湛的授课技巧，而且爱岗敬业，治学严谨。无论是常态课还是公开课，每一节课都是那么精心，经得起推敲，总能让人感受到她的教学魅力——声音轻柔，教态自然而不做作。

虽然已经是市级骨干教师了，但杨海晔却没有丝毫懈怠，她没有把教书育人当成谋生的职业，而是全身心地投入，将其当成自己的事业而不懈追求。她加入特级教师工作室，深入教育科学研究，继续提升专业素养，同时参加支边支教培养青年教师，指导教育教学活动，发挥骨干教师的引领作用。

工作的付出与辛苦，转化成杨海晔的职业幸福与动力，她累并快乐着。（红袖子整理）

杨海晔课堂教学艺术之一："一例到底"案例教学法，激活思想品德课堂

【课堂回放】

在《防患于未然》一课中，我进行了这样的设计：

第一步，给出案例的第一部分：

中学生陈某，原来是一个品学兼优的学生，自从结识了社会上的一帮游手好闲的"朋友"后，逐渐无心学习，不完成作业，经常旷课。开始时，他还有些自责，觉得对不起父母、老师。后来便放纵自己，曾因偷学校的东西、打骂同学等受到学校纪律处分。

他非但没有接受教训，反而经常在社会上偷窃财物、参加赌博等，因此被公安机关拘留。

但他仍不悔改。为了搞到钱去网吧玩游戏，他与另外的两个"朋友"竟拦路抢劫，在短短的几天中就作案三起。

组织学生思考分析：陈某的行为中有哪些是不良行为和严重不良行为？

学生阅读分析案例材料，思考并全面分析问题，发表自己的见解。

第二步，继续出示案例：

小杨因生性软弱，多次遭到陈某他们的勒索。当陈某再次索要200元而小杨只交出了50元时，陈某等再次对其大打出手。小杨早已对他们恨之入骨，于是和他们争执、厮打起来。混乱中，小杨被陈某打成了重伤。陈某因此被刑事拘留，等待接受法律的制裁。

事情发生后，小杨的奶奶不堪打击，突发心脏病去世；陈某的父母因过度伤心无法正常工作；目睹了这场惨剧的同学谈起这件事都心有余悸；参与

这场事件的同学在回忆时都默默流泪。

组织学生讨论分析：

① 陈某等几位同学的行为造成了哪些危害？

② 请设想一下陈某的未来会是什么样的？

③ 请帮陈某分析一下，他从一个品行兼优的好学生到最终堕落的原因有哪些？应如何避免这场惨剧的发生？

学生阅读案例内容，充分思考并分组讨论以上三个问题，形成自己的认识，发表见解，进行全班交流。

通过案例分析，帮助学生深刻地认识到犯罪的严重危害和惨痛的代价，并进一步启发引导学生寻求远离违法犯罪的方法，突出重点，并为突破难点打下基础。

通过这样的学习活动，起到了使学生在情景材料的引领下感悟体验，从中受到触动，明确思想认识的作用。为了帮助学生认识得更清楚，印象更深刻，带领学生共同总结归纳所得认识：道德水平高低与违法犯罪的关系。

在层层深入地进行案例分析的过程中，明理、导行、动情一气呵成，教学目标基本达成。为了使学习效果更好，有更进一步的提升，之后安排了"词语连句"和"心灵感悟"两个活动，帮助学生梳理所形成的认识，使认识更加清晰明确，并为学生提供了实践和充分发表见解的机会，达到自省、自我教育的作用。这样使得课堂学习的效果进一步延展到学生以后的生活之中。

【教学反思】

"案例教学"具有以下四个特点：

一是明确的目的性。通过一个或几个独特而又具有代表性的典型事件，让学生在案例的阅读、思考、分析、讨论中，建立起一套适合自己的完整而又严密的逻辑思维方法和思考问题的方式，以提高学生分析问题、解决问题的能力。

二是深刻的启发性。案例教学，不存在绝对正确的答案，目的在于启发学生独立自主地去思考、探索，注重培养学生独立思考能力，启发学生建立一套分析、解决问题的思维方式。

三是学生主体性。学生在教师的指导下，参与进来，深入案例，体验案例中的角色。

四是过程动态性。在教学过程中存在着教师个体与学生个体、教师个体与学生群体、学生个体与学生个体、学生群体与学生群体的交往，也就是师生互动、生生互动。

综上所述，我认为，在新课改背景下，教学方法和课堂教学模式确实是多元的，课堂学习活动的形式也是多种多样的，新的教育教学理念层出不穷。但是，不管如何去改变，如何去创新，都不能离开根本，那就是"实效"。（杨海晔）

杨海晔课堂教学艺术之二：探究式教学启发学生思维

【课堂回放】

八年级下册《财产留给谁》教学片段：

导入：观看视频《遗产争夺》，分析剧中人物为什么会有这样的表现？继承遗产都需要这样吗？谁享有继承权、应该继承多少财产是怎样决定的呢？通过对影片反映出来的现象的思考分析，引出本课的教学主题——财产继承。

案例第一集：刘某兄弟二人，各自生活，互不来往。刘某与妻子有三个儿子和一个养女，都已经成家。大儿子刘力生活富裕，但对刘某夫妇漠不关心；养女刘英在国外工作，经常给刘某夫妇寄钱和营养品等；刘某夫妻与二儿子刘明共同生活；三子早亡，留有一女刘欣，未成年，仍在上学。一日，刘某与朋友外出垂钓，不慎落水而亡。刘某夫妻共有存款80万元和住房一套。

探究问题：

（1）你来分析一下，刘某的遗产有哪些？

（2）刘某的儿子、养女、妻子和哥哥，都在考虑刘某留下了哪些遗产，并且都认为自己应该继承遗产。你认为他们的想法正确吗？

（3）大儿子刘力认为刘欣是未成年人，没有资格继承财产；养女刘英不是亲生的，也没资格继承；嫁出去的女儿不应该分遗产。你同意吗？

（4）对遗产份额的分配大家各执一词，你能说说你的意见吗？

（5）我国继承法对遗产分配原则的规定，体现了什么？

案例第二集：正当全家人准备按法律的相关规定分配遗产时，刘某的律师赶到，并出示了刘某生前所立遗嘱。遗嘱中提到：孙女刘欣继承15万元，妻子和养女刘英各得到5万元，剩下15万元由二儿子刘明继承。

刘某欠好友张某2万元个人债务，由于张某去外地做生意无法联络，尚未偿还，日后由二儿子刘明负责代为偿还。

探究问题：

（1）刘明继承财产的同时还继承了债务，这合理吗？

（2）他可以拒绝偿还债务吗？

案例第三集：刘某的好友张某生意失败回到家乡，张某的儿子张洋见张某贫病潦倒，只剩下现在住的房子还值钱，于是千方百计、软硬兼施，逼着张某立下遗嘱，死后房子留给张洋，张某无奈立下遗嘱，从此张洋对张某不理不睬。

探究问题：张某所立遗嘱，具有法律效力吗？

案例第四集：刘明将2万元及时还给张某，见张某生活不便，于是经常帮助和照顾张某，让张某感到非常温暖。张某立下遗嘱，死后将房子和自己生意红火时收藏的两件珍贵瓷器赠与刘明，并对这个遗嘱进行了公证。张某去世后，其子张洋依据张某遗嘱要求继承遗产的诉求被法院依法驳回。法院裁定张某经过公证的遗嘱为有效遗嘱，遗产由刘明合法获得。

探究问题：

（1）刘明能够依据张某的这个遗嘱继承张某的遗产吗？

（2）张洋是张某的法定继承人，他为什么会丧失继承权？这说明了什么？

（3）张某的儿子气急败坏，扬言不会善罢甘休。如果你是刘明，你会如何考虑和处理这件事？

案例第五集：经专家鉴定，张某收藏的两件瓷器年代久远，属文物珍品。刘明将其无偿捐献给国家。考虑到张某还有一个上小学的孙子，刘明与张洋协商，将张某的房子出卖，所得价款赠予张某的孙子作为教育费用，归其个人所有。双方签订协议并进行了公证。

探究问题：

（1）现实生活中，有太多的人为了争夺遗产不顾廉耻、反目成仇，甚至触犯法律，从这个案例的启示中，你能给这些人一点忠告吗？

（2）我国法律保护公民的财产继承权，而我们行使这项权利得到的，仅仅是看得到的物质财产吗？

【教学反思】

归纳这一节课的设计思路，有以下几点思考：

第一，在导入活动中，我设计了一个为争夺遗产母子反目、兄弟成仇的负面案例。先给学生一个冲击，树一个负面的典型，与下面的案例主角刘明的正面形象形成鲜明的对比。

第二，案例第一集的使命是要把继承、法定继承的基础知识一网打尽。因此在设计案例和探究问题的时候，就力求让学生能够全面形成关于继承的知识体系。在设计案例时，既要兼顾未成年人的继承权利，又要涉及赡养老人、重男轻女等传统问题。力图在第一集案例中为达成三维教学目标作好铺垫，尤其是为履行赡养老人的义务作好铺垫。

第三，案例第二集有两个任务，一是讲清楚遗嘱继承的相关知识，二是补充债务的继承知识。也正是因为债务的继承才有下面的故事，才能真正树立主角刘明的光辉形象。

第四，通过对案例第三集探究问题的讨论，学生能够得出关于遗嘱是否有效的结论。在讨论中，我的设想还有一点就是希望学生能够明白强迫他人立下的遗嘱是不具备法律效力的，也算是对学生的一点忠告吧。

第五，近来新闻媒体经常报道关于遗赠的案例，对于遗赠的问题，应该也是学生比较关注的。设计案例第四集的主要考虑还是想提升一下学生的道德认知。探究问题的设计也主要围绕为什么刘明能够得到张某的遗产，而张某的儿子张洋丧失了遗产继承权利，希望学生通过对问题的探究能够认识到履行义务与享受权利的关系，从而帮助学生树立正确的价值观。

第六，案例第五集是这节课的精华，是学生道德认知的升华，与导入案例形成鲜明的对比。也希望学生通过探究问题的讨论，明白我们真正继承的是什么，我们的收获是什么。（杨海晔）

杨海晔课堂教学艺术之三：巧用道德两难教学方式

【课堂回放】

七年级《遵纪守法很重要》一课，我运用了这样的一个两难案例：

小明是一名中学生。在图书馆读书时发现了一本非常珍贵的清朝时期的词典，他爱书心切，便偷偷把书带回了家。图书馆年久失修，在夜里起了大火，所有书籍毁于一旦，唯独小明偷回家的那本清朝词典得以幸存。

如果你是校长，你怎么处理这件事情？

学生可能会回答校长表扬了小明，因为他使得珍贵的词典保存了下来；学生也可能会回答校长处分了小明，因为他的盗窃行为。

对讨论的内容，教师加以摘要整理，也可要求学生写下此阶段他的道德决定和所持理由。若学生的决定或所持理由有所改变，也请学生详细叙述。此外，教师也可提醒学生在课后或平日生活中，对自己周围的道德事件保持高度的敏感性，并尝试对之加以推理。教师最后的归纳整理很重要，这是对学生道德认知发展进行再提升的必要环节。

【教学反思】

通过以上道德两难教学方式的实施，我们分析出这种教学方式有以下效果：

第一，道德两难教学活动的开展提高了学生的课堂参与度。某些平时不爱思考和回答问题的学生，也在教学活动中一改往日的风格，积极参与到讨论和辩论中来，学生的分析和归纳能力提高了，常常可以看到为了某一个观点，许多人发表自己的看法，各抒己见，旁征博引。学生间的交流多了，相互合作多了，关系更融洽了，学生更自信、更勇于挑战了。

第二，道德两难教学活动的开展使学生的观察能力、思辨能力、联系生活实际解决问题的能力有了很大的提高。很多两难的问题都是学生实际生活中的真实事例，在学习之后，学生开始关注身边的新闻、焦点话题等，有时也会结合自己的思考提出一些假设，进行讨论。更有一些学生运用在课堂上学到的解决两难问题的方法，去尝试解决与父母、同学、老师之间出现的问题，并取得一定的效果。

第三，道德两难教学活动的开展提升了对教师的要求。道德两难教学的开展，要求教师应具备敏锐的观察力，选取典型的道德两难问题案例；要能确认学生的道德发展阶段，提出适合的道德两难问题。也就是说，编选的两难问题应符合学生的真实生活经验和道德认知水平，让学生可以迅速产生共鸣。还要在教学中营造一种平等的对话环境，真正做到在心理上给学生以支持。只有调动起学生的积极性和好奇心，刺激学生思考，学生才能有兴趣参与讨论，畅所欲言，并最终达到深化认识，提高道德水准，提升道德认知发展阶段的目的。（杨海晔）

思想品德课重在走进学生生活

教育的目的就是把学生培养成"有理想、有道德、有文化、有纪律"的社会主义建设者和接班人，思想品德课的育人功能与其他课程相比更有优势。思想品德课教师要始终站在这样一个高度：精心组织每一节课，把思想品德课的育人功能充分挖掘出来。同时，教师还要加强自身的道德品质建设，平时一定要多关注社会新闻、国内外大事，并且要通过各种渠道，如校园广播、报纸、杂志、时政学习小组等各种形式来让学生了解，让学生学习，让学生洞察社会、认识社会、分析社会。

思想品德课教学的开展，一定要贴近学生的生活。只有贴近学生生活，从学生逐步扩展的生活入手，学生才能感同身受，才能认真学习。为此，在教学过程中，能以未成年人为例子的不以成年人为例子，能以初中学生为例子的不以大学生和小学生为例子，能以本地学生为例子的不以外地学生为例子。

例如笔者在讲《维护社会公平》一课时设计了两封来信，问题设计得层层深入，使学生的认识从感性逐渐上升到理性，分析解决问题的能力得到了提高，参与合作的精神也得到了培养。

来自山西的第一封信："我真的很幸运的，有好心人的资助，可以和城里孩子一样上学读书。""我的理想是上高中，然后参加高考，考上大学，走出大山，看看外面的世界。毕业以后找份好工作，多挣一些钱，就可以供弟弟继续上学了。"

来自山西的第二封信："有一个好消息要告诉您，爸爸要带我和弟弟去城里上学了，听爸爸说现在农民工子女可以去当地的公立学校上学，学杂费也免除了，我真高兴啊！"

"人生远足"是我校的传统课程，学生在参加人生远足的过程中难免也会有一些自己的想法，两封来信结合"人生远足"课程，可以说是来自学生的生活之中，来自学生的学习过程之中。

两封来信非常好地解决了本课的教学重点和教学难点问题，写信的孩子又是学生的同龄人，有共同语言。教师设计了这样一个教学情境，使学生产生学习兴趣，进而理解社会公平这一复杂的问题。

新课程理念注重引导学生在实践中学习，在探究中成长，使学习成为在教师指导下的主动的、富有个性的过程，让学生在生活中发现问题，利用掌握的知识指导自己解决问题。德育的最终目标是理论联系实际，教师将所学知识应用于生活，切实提高学生的道德觉悟。因此，要鼓励学生走出课堂，走向校园、走向家庭、走向社会。如在课前或课后，可以有目的地要求学生开展采访、调查、访问等形式的实践活动。

思想品德课"就是要面向生活实际，以学生的实际生活为基础"。在深入理解这一理念的基础上，思想品德教师要善于开发和利用学生已有的生活经验，选取学生关注的问题，引导学生作出正确判断并进行道德实践，通过亲身体验与感悟，形成正确的道德观和良好的行为习惯。这样就真正做到了让德育回归生活，引领每一个学生健康成长，为学生的思想道德成长服务。（杨海晔）

自 白

杨海晔自画像

自我评价： 热情、幽默，工作中一丝不苟、敢于创新，生活中乐观开朗。

心目中的好老师： 我认为一个好老师应该是用自己的课堂影响学生，让学生热爱自己所教的学科，并通过自己的教学使学生提高学科能力，增进学科素养。

心目中的好学生： 全面发展，情商高（不见得智商很高），心中有他人，懂得感恩的快乐的孩子。

心目中的好学校： 是一个让老师、学生、家长都快乐、都开心的学校。教师可以在学校的平台上自由地发展；学生喜欢学校的氛围，在学校学习、生活得开心；家长放心把孩子交给学校，对学校的教育满意。

处理师生关系的秘诀： 把学生当朋友，平等地对待他们，真诚地与学生交流处理问题的办法。

教育教学观： 为了一切学生。在我的课堂中没有优生与差生。

对自己影响最大的书： 《初中思想品德》《初中思想品德课程标准》《中学思想品德学科教学论》。

印象最深的一节课： 《让挫折丰富我们的人生》。这节课贯彻了我的教学方法——"一例到底"案例教学法。

取得成绩的经验： 做一个有心人。

工作与学习的关系： 我的工作要求我不断地学习，工作之余，我喜欢看电影、看美剧、看书，接受更多的新事物，开拓自己的视野，丰满自己——为了我的学生。